Es klingelte und andere Geschichten

150 Geschichten, in denen es in den meisten klingelt.
Irdisches und Außerirdisches vermischt
zu einem universellen Konglomerat.

F.O.* 03-10-1939, Zangengeburt, Uhrzeit unbekannt,
Multiversum, Universum, Galaxie, Orionarm, Sonnensystem, Planet Erde,
Europa, Deutschland, Lippe, Detmold, Marienheim

ISBN 9783734779916

1. Auflage 2015
Herstellung und Verlag: Books on Demand
D-22848 Norderstedt
Buchgestaltung: F.O.
Copyright: F.O.

MIX
Papier aus verantwortungsvollen Quellen
Paper from responsible sources
FSC® C105338

Dieses Buch enthält Geschichten, die für Kinder unter 18 Jahren, nicht geeignet sind.

Lesen ist gefährlich! Es kann Augen und Seele schädigen.

Alle Geschichten in diesem Buch sind ficktiv. Ähnlichkeiten mit lebenden und toten Personen sind gewollt.

F.O.

Es klingelte

...und andere Geschichten.

Nicht immer,
wenn etwas Besonderes passiert,
klingelt es.
Und nicht immer wenn es klingelt,
passiert etwas Besonderes.

F.O.

Es klingelte. Heide ging zur Tür und öffnete. Vor ihr stand Freddy, ihr vor vier Jahren verschwundener Kater, mittlerweile für tot erklärt. Er grüßte höflich, ging ins Wohnzimmer, setzte sich aufs Sofa, verlangte Kaviar und Champagner. Typisch Freddy.

Es klingelte. Gaby ging zur Tür und öffnete. Ein nackter Mann stand davor. „Entschuldigen Sie!", sagte er, „Können Sie mir sagen wie spät es ist?" Gaby sah auf ihre Uhr: „5 vor 12!", antwortete sie. „Danke!", sagte der Mann, „Dann muss ich mich beeilen." Gaby ging wieder zu Bett und musste noch lange über die Begegnung nachdenken und, dass der Mann recht gut aussah.

Sie fühlte die Wehen kommen. Marie, alleinstehende und emannzipierte Sekretärin, fuhr zum Krankenhaus. Beim Ausfüllen des Aufnahmeformulars, bei der Frage nach dem Vater des Kindes, sagte sie, sie hätte nie Sexualverkehr gehabt, aber im Traum sei ihr ein schöner Mann erschienen, der ihr die jungfräuliche Geburt eines auserwählten Knaben prophezeit habe. Da können wir uns ja auf was gefasst machen.

Der langhaarige, bärtige Prediger an der Straßenecke, der versprach die Welt zu retten, wusste auf die Frage, wovor denn die Welt zu retten sei, keine Antwort. So wird die Welt dann wohl doch nicht gerettet werden.

Es klingelte. Ich ging zur Tür und öffnete. Ein bärtiger Mann, ca. 30 Jahre, mit langen Haaren, einem langen Gewand und Sandalen an den Füßen stand davor. „Grüß Gott!", sagte er, „Ich bin Gottes Sohn und bitte um eine milde Gabe." Ich gab ihm einen Euro und hatte meine Ruhe.

Es klingelte wieder. Ich ging zur Tür und öffnete. Ein Mann und eine Frau standen vor der Tür. Sie ca. 15 und schwanger, er etwa 30 in altmodischen langen Gewändern oder einer neuen Mode, die ich nicht kannte. „Grüß Gott!", sagten sie, „Wir sind obdachlos und bitten um eine milde Gabe." Ich gab ihnen 2 Euro um meine Ruhe zu haben, sie bedankten sich und schritten von dannen.

Es klingelte. Teeny Mary, 14, ging zur Tür und öffnete. Ein schöner junger Mann mit großen Flügeln stand davor, und sagte: „Hey Baby! Fürchte Dich nicht, denn ich verkünde Dir große Freude! Du wirst einen außergewöhnlichen Sohn gebären. Bye-bye Baby!" Und damit verschwand er in der Nacht. Nach neun Monaten gebar sie eine gesunde Tochter.

Es klingelte. Kommissar Bullermann ging zur Tür und öffnete. Mörder Killermann stand davor mit einer Sig-Sauer im Anschlag. „Das ist ihr Ende!", sagte er und drückte ab. Kommissar Bullermann stürzte zu Tode getroffen zu Boden. Für ihn war der Fall erledigt.

Das Telefon klingelte. Keiner ging dran. Der Anrufbeantworter sprang an und die Außerirdischen, die schon mehrfach versucht hatten Kontakt aufzunehmen, hinterließen nach dem Pfeifton in ihrer extraterrestrischen Sprache eine extraterrestrische Botschaft. Die heimkehrenden Telefonbesitzer fanden, dass sich da jemand einen Spaß erlaubt hatte und löschten sie. So bleibt der Inhalt der Botschaft unbekannt und die Außerirdischen beamten sich verärgert über das Kommunikationsverhalten der Terrestren heim. So ist es bis heute zu keinem Kontakt mit einer außerirdischen Zivilisation gekommen.

Und es waren Hirten auf dem Felde, die hüteten des Nachts die Schafe. „Ich kann mir was Besseres vorstellen als Schafe hüten!", sagte der Ältere. „Ich auch!", entgegnete der Jüngere, während ein Licht am Himmel erschien und ein gutaussehender Mann vor ihren Füßen landete, umgeben von einer leuchtenden Aura. „Fürchtet Euch nicht!", sagte er, „Wir fürchten uns nicht!", erwiderte der Ältere und der Jüngere stimmte ihm zu. „Gut! Wenn ihr die Botschaft nicht hören wollt, dann geh ich wieder!", entgegnete der Bote und entschwand. So haben die Hirten nie erfahren, welche wichtige Botschaft ihnen da entgangen ist.

Es klingelte. Ich ging zur Tür und öffnete. Ein Außerirdischer stand davor. „Grüß Gott!", sagte er, „Ich komme von Alpha Centauri und müsste mal aufs Klo!" „Kommen Sie herein!", sagte ich und führte ihn zur Toilette. Er bedankte sich und ging hinein. Ich wartete und wartete, er kam nicht wieder raus. Ich versuchte die Tür zu öffnen, aber sie war verschlossen. Ich holte den Schlüssel mit dem man die Tür von außen öffnen kann, machte sie auf und niemand war da, außer ein seltsamer, außerirdischen Geruch. Das Umweltbundesamt stellte eine leicht erhöhte Radioaktivität fest. Ansonsten kann ich über das Stuhlverhalten, extraterrestrische Exkremente und den olfaktorischen Faktor Außerirdischer keine Aussagen machen.

Es klingelte. Ich ging zur Tür und öffnete. Eine gutaussehende, junge Frau stand davor. „Hallo!", sagte sie, „Ich bin gekommen Dich zu heiraten und glücklich zu machen!" „Interessant!", sagte ich, „Ich kenne Sie doch gar nicht und übrigens bin ich schwul!" „Sind Sie denn nicht die Nummer 174?" „Nein, ich bin die Nummer 175!" „Schade!", sagte sie, „Dann habe ich mich in der Nummer geirrt!" und bewegte sich in Richtung 174.

Es klingelte. Ich ging zur Tür und öffnete. Eine hübsche Frau stand davor. „Guten Tag!", sagte sie, „Ich bin gekommen Dich zu heiraten!" „O.K.!" sagte ich: „Fahren wir gleich zum Standesamt!" Das Standesamt hatte leider geschlossen und so wurde aus der Heirat nichts und auch die junge Frau ging auf dem Rückweg zu meinem Haus verloren.

Es klingelte. Ich ging zur Tür und öffnete. Ein hübscher, junger Mann stand davor. „Hallo!", sagte er, „ich bin Joe und gekommen Dich glücklich zu machen!" „Ich kann mich nicht erinnern, jemand bestellt zu haben!", sagte ich, „aber gut, versuchen wir es mal!" Er war wirklich ein schöner junger Mann und das Erlebnis wirklich klasse. Er verabschiedete sich höflich und ich blieb zurück in der Ungewissheit meiner sexuellen Orientierung.

Es klingelte. Rosi-Rosi ging zur Tür und öffnete. Ein grüner Frosch mit einem goldenen Krönchen saß davor. „Hey, Baby!", sagte er: „Ich bin ein verwunschener Prinz und wenn Du mich küsst wirst Du eine Prinzessin werden!" Rosi-Rosi wollte schon immer Prinzessin werden, sagte bei sich: „Warum nicht?" Sie nahm den Frosch hoch und gab ihm einen zarten Kuss. Es gab einen gewaltigen Knall und Rosi-Rosi fand sich in eine grüne Froschprinzessin verwandelt mit einem goldenen Krönchen. Die beiden hüpften fröhlich von dannen und lebten glücklich und zufrieden in Schloss Neu- Froschstein und wenn sie nicht gestorben sind, dann hüpfen sie dort noch heute.

Adam und Eva lebten im Paradies. Sie aßen kein Fleisch, tranken keinen Alkohol und hatten keinen Sex. Das Leben war langweilig. Sie spielten im Paradiesgarten in der Nähe des verbotenen Baumes. Sie kamen ihm immer näher und sahen die lustige Schlange, die auf ihm wohnte. „Hallo, Ihr beiden!", begrüßte sie die Schlange, „Kommt und seht, was für köstliche Früchte auf diesem Baume wachsen!" Zögerlich gingen sie heran und sahen ein Schild, auf dem geschrieben stand:

BAUM DER ERKENNTNIS
Äpfelpflücken strengstens verboten
Der Obergärtner

„Beachtet das Verbot nicht!", sagte die Schlange: „Es sind so viele da, da fällt es nicht auf, wenn einer fehlt!"

Eva stand unter dem Baum, über ihr ein köstlicher, rotbackiger, glänzender Apfel. Sie langte nach oben und wie von selbst fiel ihr der Apfel in die Hand. Sie roch daran und gab ihn Adam, der herzhaft hineinbiss. Sein Gesicht verzog sich: „Total sauer, ungenießbar!", rief er, während ein gewaltiger Donnerschlag von Blitzen begleitet das Paradiesgärtlein verschwinden ließ. Adam und Eva sahen sich an und sie sahen, dass sie nackt waren, was sie sehr anziehend fanden und beschlossen von jetzt an zusammen zu bleiben, das Paradiesgärtlein zu vergessen und ihr eigenes Paradies zu bauen und daran bauen sie noch heute.

Es klingelte. Bea ging zur Tür und öffnete. Niemand stand davor. „Guten Tag!", sagte jemand, „Ich bin der große Unsichtbare und möchte Sie um ihre Meinung zur Unsichtbarkeit bitten." „Keine Ahnung", sagte Bea, „Ich habe es gewöhnlich nicht mit Unsichtbaren zu tun!" „Das ist normal.", sagte der Unsichtbare, „Wären Sie bereit mit einem Unsichtbaren zusammenzuleben oder gar ihn zu heiraten?" „Das käme drauf an.", antwortete Bea „Was können Sie denn?" „Ich kann alles, was ein Sichtbarer kann, der einzige Unterschied ist, dass Sie mich nicht sehen können." „Kommen Sie doch herein." sagte Bea, „Ich habe noch nie mit einem Unsichtbaren geschlafen!" „Das lässt sich ändern", erwiderte der Unsichtbare. Sie gingen ins Bett und der Unsichtbare überzeugte in allen Disziplinen. Und Beas Zweifel hinsichtlich Unsichbarer wurden ausgeräumt und so lebt sie seither mit einem Unsichtbaren zusammen und ist glücklich und zufrieden.

Es klingelte. Ich ging zur Tür und öffnete. Eine attraktive Frau stand davor. „Komm mit zum Standesamt, wir heiraten!", sagte sie. Und ehe ich etwas entgegnen konnte, nahm sie mich bei der Hand und führte mich zum Standesamt, wo die Trauung vollzogen wurde. Seitdem bin ich verheiratet, weiß aber nicht warum.

Es klingelte. Ich ging zur Tür und öffnete. Eine gutaussehende Frau stand davor. „Ich bin deine Ehefrau und zurückkommen!", begrüßte sie mich. Ich konnte mich nicht erinnern, jemals verheiratet gewesen zu sein. Sie schob mich zur Seite, ging ins Schlafzimmer, zog sich aus und legte sich ins Bett. Ich überlegte: Sollte ich – sie sah ja ganz gut aus – die Polizei rufen – oder sie behalten.

Mörder Killermann hatte heute keinen guten Tag. Die Waffe hatte versagt und das Opfer hatte gesagt: Er sei ein Versager und bei seinem Aussehen, sei es kein Wunder, wenn einer zum Mörder würde! Das hatte ihn sehr verletzt.

Es klingelte. Susi ging zur Tür und öffnete. Ein gutaussehender Mann stand davor. „Guten Abend!", sagte er: „Sind das Sexstudio der multiplen Ejakulationen?" „Nein!", antwortete Susi, „Das ist nebenan, aber kommen Sie doch herein!" Der Mann ging ins Schlafzimmer, zog sich aus und legte sich ins Bett. Susi ging hinterher, zog sich auch aus, und sie liebten sich leidenschaftlich und Susi hatte multiple Orgasmen, die nicht enden wollten. Und wenn sie nicht impotent geworden sind, dann lieben sie sich noch heute.

Es klingelte. Ich ging zur Tür und öffnete. Eine Ballerina stand davor. „Komm!" sagte sie, „wir tanzen einen Pas de deux!" „O.K.!", sagte ich, „Lassen wir es auf einen Versuch ankommen!" Wir tanzten los. Bei der ersten Hebefigur brach ich zusammen. „Das gibt nichts!", sagte die Ballerina, entschwand leichtfüßig mit kleinen Schritten und ich blieb zurück mit der Erkenntnis, das Tanzen wohl doch nicht das Richtige für mich ist.

Es klingelte zweimal. Cora ging zur Tür und öffnete. Der Postmann stand davor. „Hi Cora!", sagte er: „Nachnahme/Einschreiben." „Hab' ich schon erwartet!", sagte Cora und nahm das Päckchen entgegen. Ein Colt, 9 mm, in Ölpapier gewickelt, lag darin und eine Patrone. Die schob sie in die Trommel und versetzte sie in Drehung bis sie von selbst stehen blieb. Dann ging sie die Treppe hoch ins Schlafzimmer. Dort lag ihr Mann und schlief. Sie hielt den Revolver an seine Schläfe und drückte ab. Nichts geschah außer einem kleinen Klick. Jetzt musste sie bei ihm bleiben, das Schicksal hatte gesprochen.

Es klingelte. Ich ging zur Tür und öffnete. Eine schöne nackte Frau stand davor. „Wollen Sie mit mir schlafen?" fragte sie. „Nein Danke!", antwortete ich, „Ich sehe gerade einen Porno!" „Auch gut!", sagte sie, machte einen kleinen Knicks und ging.

Es klingelte. Ich ging zur Tür und öffnete. Ein Mann in einem roten Mantel, schwarzen Stiefeln, roter Zipfelmütze mit weißem Fellbesatz und einem großen Sack stand davor. „Fröhliche Weihnachten!", sagte er, „Wo soll ich die Bescherung machen?" „Was für eine Bescherung?", fragte ich, „Heute ist der 24te Juni, da wird nicht beschert!" „Dann entschuldigen Sie vielmals die Störung!", sagte er, „Ich muss mich im Datum geirrt haben!" Er grüßte militärisch und marschierte von dannen.

Es klingelte. Ich ging zur Tür und öffnete. Die Königin der Nacht stand davor. „Der Hölle Rache brennt in meinem Herzen!", sang sie gefolgt von irrsinnig hohen Koloraturen und ich solle ihre Tochter herausgeben, ansonsten werde sie mich erstechen. Ich sagte ihr: „Ich kenne Ihre Tochter nicht und halte sie auch nicht gefangen". „Sind Sie denn nicht Sarastro?" „Nein!", beteuerte ich. Ich kenne ihn nicht und habe auch nichts mit ihm zu tun". „Dann vergessen Sie den Vorfall!",sagte sie, sang noch eine Koloratur und entschwand.

Es klingelte: Ann ging zur Tür und öffnete. Sie sah nur schwarz und dann einen großen Zeh, so groß wie sie. „Guten Tag, Lady!", sagte das große Wesen, „Mein Name ist King Kong, und ich möchte um ihre Hand anhalten!" „Das ehrt mich sehr!", entgegnete Ann, denn einen so großen Verehrer hatte sie noch nie gehabt. „Ich nehme ihren Antrag an!" „Ich bin überaus glücklich, dass Sie mich erhört haben!", sagte das große Wesen, „Lasst uns das Aufgebot bestellen, es soll eine große Hochzeit werden!" So heirateten sie und lebten glücklich und zufrieden zusammen, und wenn sie nicht gestorben sind, dann leben sie noch heute.

Es klingelte. Gunni ging zur Tür und öffnete. Ein Marder stand davor. „Moin, Moin!", sagte er, „Ich habe gehört, bei Ihnen ist ein Zimmer frei, ich bin ein Marderprinz, und wer mit mir einen Mietvertrag macht wird meine Prinzessin." Der Marder sah sich das Zimmer auf dem Dachboden an, hatte dieses und jenes auszusetzen, war aber im Großen und Ganzen zufrieden. „Ich nehme es!", sagte der Marder. „Wann kann ich einziehen?" „Wenn Sie wollen sofort", sagte Gunni und sie besiegelten das Geschäft mit Handschlag. Umgehend verwandelte sich Gunni in eine hübsche Marderin, und sie lebten zusammen glücklich und zufrieden in dem kleinen Zimmerchen auf dem großen Dachboden der alten Schule in der Schulstraße 14. Und wenn sie nicht gestorben sind, dann leben sie da noch heute.

Es klingelte. Big Dick, bekannter Frauenheld ging zur Tür und öffnete. Ein junges Mädchen stand davor. „Hey!", begrüßte sie ihn, „mein Name ist Virginia, ich bin Jungfrau und möchte diesen Zustand beenden!" Big Dick hatte schon viele jungfräuliche Zustände beendet und galt im Kiez als Experte. „Gut, kommen Sie herein, einmal muss es ja sein!" Virginia kam herein, zog sich aus und legte sich aufs Bett, spreizte die Beine und zeigte ihre jungfräuliche Spalte. „Sieht gut aus", dachte Big Dick bei sich, zog sich auch aus und legte sich zu Virginia ins Bett. Er streichelte sanft ihre Brüste, ihren Bauch, den lieblichen Schamberg. Die Hand fuhr weiter, erreichte die süße kleine Klitoris, die der Zeigefinger zärtlich massierte. Die Finger wanderten weiter zwischen den Schamlippen zu dem kleinen Löchlein, das so große Bedeutung hat. Die Finger wanderten hinein oberhalb des kleinen magischen Häutchens, vorsichtig um nichts zu zerstören. Big Dick wechselte die Stellung um die Sache oral für die Einführung vorzubereiten. Klitoris und Schamlippen vergrößerten sich, der Spalt weitete sich und Virginias Unterleib bewegte sich rhythmisch auf und ab. Diese Reize führten bei Big Dick zu einer schönen Erektion. Er brachte den Penis in Position und drückte ihn vorsichtig in den magischen Tunnel. Nach ca. 2 cm wurde der Widerstand stärker, er erhöhte den Druck und mit einem Ruck glitt der Penis hinein, begleitet von einem kurzen „Au!", Virginias. In gleichmäßigem Rhythmus fuhr der Penis rein und raus begleitet von lustvollen Stöhnen. Der Penis zuckte und ejakulierte und Virginia wand sich in orgasmischen Spasmen. Sie lagen noch zärtlich etwas zusammen, Big Dick gab ihr einen Kuss und dann trennten sie sich. Virginia rauchte eine Zigarette und er besah sich das Betttuch, dass einen roten Fleck hatte. Das brachte ihn auf die Idee, es auf einen Keilrahmen zu spannen und mit dem Titel Entjungferung oder Defloration zu versehen, zu datieren und signieren und vielleicht ein Buch mit dem Titel „Die Kunst der Entjungferung" zu schreiben. Virginia hatte ihre Zigarette ausgeraucht, zog sich an, bedankte sich, und bat Big Dick ihr die Entjungferung schriftlich, mit Ort und Datum der Defloration zu bestätigen, denn sie habe mit ihrer Freundin gewettet, wer von ihnen es zuerst schaffen würde.

Es klingelte. Bea ging zur Tür und öffnete. Ein gut aussehender Mann stand davor, gepflegt, parfümiert, im Smoking mit einer weißen Nelke im Knopfloch und einem großen Rosenstrauß. „Seien Sie gegrüßt, schöne Frau!", sagte er, „Ich bin der Geburtstagsmann, und möchte Ihnen im Namen aller ihrer Freunde gratulieren!" „Das ist sehr aufmerksam von Ihnen, kommen Sie doch herein und trinken Sie ein Glas Sekt mit mir!" Er überreichte den Rosenstrauß und antwortete: „Tut mir leid, gnädige Frau, ich habe heute noch viele Termine, und wenn ich die nicht schaffe, bekomme ich Ärger mit meiner Agentur!" Das fand Bea wirklich schade, denn er sah wirklich gut aus, aber so ist das, der Job geht vor.

Helena war die schönste Frau der Welt. Sie hatte die schönsten Augen, den schönsten Mund, die schönsten Zähne, die schönste Nase, die schönsten Haare -- das schönste Gesicht. Sie hatte die schönsten Schultern, die schönsten Brustwarzen, die schönsten Brüste, den schönsten Bauch, den schönsten Nabel, den schönsten Schamberg, die schönsten Schamlippen, die schönsten Schamhaare, die schönste Vulva. Sie hatte die schönsten Oberschenkel, die schönsten Knie, die schönsten Waden, die schönsten Füße, die schönsten Zehen -- die schönsten Beine. Sie hatte die schönsten Schulterblätter, das schönste Rückgrat, die schönsten Grübchen, den schönsten Po, die schönsten Hände, die schönsten Fingernägel -- den schönsten Körper. Sie roch am besten und hatte die schönste Stimme, kurz, alles an ihr war am Schönsten -- wenn das keinen Krieg wert war?

„Könntest Du die Beine nicht etwas breiter machen?", bemerkte Max. „Nein!", antwortete sie, „Breiter geht nicht!" „Dann solltest Du in eine Ballettschule gehen, um das zu lernen!" „Gut!", sagte sie: „Ich will's versuchen." Sie ging in die Ballettschule „Anna Pawlowa", die einen Kurs für Amateurinnen und Amateure anbot. Trainierte mit dem Ballettlehrer Igor, kam gut voran, probierte es mit Igor aus und fand, dass er es wesentlich besser als Max machte. Von jetzt an machte sie Dehnübungen nur noch mit Igor, und wenn sie nicht gestorben sind, dann dehnen sie noch heute.

„Oh, ohh, es kitzelt zuuu stark!"
„Dann hör ich auf!" Sie unterbrachen den Akt, holten eine Packung Gummibärchen und wechselten die orale Technik, was auch nicht schlecht war.

Die Fliegen sind los. Sie schwirren umher -- suchen einen Laichplatz, eine Leiche auf der sie ihre Eier ablegen können. Sie verwechseln mich mit einer Leiche, aber da müssen sie noch etwas warten.

Es klingelte. Ich ging zur Tür und öffnete. Zwei Missionare standen davor. „Grüß Gott!", sagten sie synchron: „Wir möchten ihre Seele retten!" „Ich habe keine Seele!", antwortete ich. „Dann ist bei Ihnen nichts zu retten!", sagten sie, bedauerten die Störung, gingen, und suchten weiter Menschen guten Willens.

Es klingelte. Dr. Faust ging zur Tür und öffnete. Ein Herr im schwarzen Trikot, weißem Gesicht, schwarz umrandeten Augen und rotem Mund stand davor. „Gestatten, Mephisto, wollen Sie ihre Seele verkaufen? Wir kaufen gebrauchte Seelen und zahlen gut: Abenteuer, Lustgewinn und Erkenntnisse, von denen Sie nicht zu träumen wagten!" „Sie kommen mir in meiner Depression gerade gelegen, machen wir einen Vertrag!" Mephisto zog ein Pergament aus der Tasche: „Das muss noch mit Blut unterschrieben werden!" Faust holte ein Skalpell, machte einen kleinen Schnitt in die Armvene tauchte den Federkiel hinein und setzte seinen Namen unter das Dokument. „Sie hören von mir!", sagte Mephisto, machte einen Kratzfuß und entschwand. Faust blieb zurück mit dem Zweifel, ob dieser Vertrag juristisch einwandfrei war und ihm fiel ein, dass er ihn nicht mal durchgelesen hatte.

Emma und Alice waren aktive Feministinnen und in einem waren sie sich einig, dass der Penis der Männer das Allerekelhafteste sei, was es gäbe, und darüber konnten sie sich stundenlang auslassen und vergaßen ganz dabei, dass ihre Mösen auch nicht viel besser waren.

Es raschelte im Schrank. Eine Maus, dachte Gabi und öffnete die Schranktür. Ein nackter Mann stand darin. „Guten Abend, gnädige Frau!", sagte er, „Bin ich hier richtig bei Gitte?" „Nein!, ich bin die Gabi, kommen Sie heraus und spielen eine Partie Schach mit mir, und wenn Sie gewinnen, dürfen Sie mit mir schlafen!" Der nackte Mann spielte schlecht und verlor. „Schade!", sagte er, „Dann geh ich eben zu Gitte!"

Alice und Emma lagen im Bett. Emma leckte Alice und Alice leckte Emma, und dabei wurde ihnen bewusst, wie viel besser das sei, als sich von einem dieser widerlichen, ekelhaften Chauvis lecken zu lassen.

Es klingelte. Gabi ging zur Tür und öffnete. Ein Mann stand davor. „Gestatten, mein Name ist Winter!", stellte er sich vor, „Ich bin gekommen, Ihnen mitzuteilen, dass es kalt werden wird, und wir vom Winterhilfswerk empfehlen sich warm anzuziehen!" „Mach' ich!", sagte Gabi ging zum Kleiderschrank und zog einen dicken Wollpullover und eine Thermohose an. Der Mann war gegangen und ihr wurde ganz warm ums Herz und ihr fiel ein, dass sie ja erst den 21ten Juni hatten.

Die Ampel sprang um auf grün. Mein Hirn ging eher los als meine Beine. Ich begann den Zebrastreifen zu überqueren, stieß mit einem Elefanten zusammen, entschuldigte mich und setzte meinen Weg auf der anderen Straßenseite fort. So ist das Leben im Großstadtdschungel – voller Überraschungen!

Mösenlechner Mösi aus Moos war ein hübsches Mädchen und hatte eine wunderschöne Möse. Das musste sich herumgesprochen haben. Eines Nachts, ein Schweifstern zog gerade über den Himmel, standen drei Könige aus dem Morgenland vor ihrer Tür. „Gnädigste Frau", sprach sie der Erste an: „Wir haben gehört, aus zuverlässiger Quelle, dass Sie eine wunderschöne Möse haben, vielleicht die schönste der Welt!" „Wir möchten Ihnen unsere Aufwartung machen, und Ihnen anbieten, Mitglied unseres Harems zu werden, in dem wir die schönsten Mösen der Welt versammelt haben! Sie werden goldene Kleider bekommen, einen eigenen Palast und zweiundsiebzig jungfräuliche Knaben zu Ihrer Erbauung!" „Das hört sich nicht schlecht an!", erwiderte Mösi, „Die Bauernburschen hier, wissen die Schönheit meiner Möse eh nicht zu schätzen, ich nehme Ihr Angebot an!" Seitdem sitzt sie in ihrem Haremspalast und bei zweiundsiebzig jungfräulichen Knaben und drei Königen bleibt kein Wunsch unerfüllt.

Alice und Coco lagen im Bett. „Männer sind ekelhaft", sagte Alice, was Coco bestätigte und Alice wurde bewusst, dass ein Hund allemal besser ist, als einer dieser widerlichen, stinkenden Männer.

Es klingelte. Fred ging zur Tür und öffnete. Eine schöne, junge Frau stand davor. „Happy Birthday!", flötete sie und gab ihm einen zarten Kuss. „Ich komme von der Happy-Birthday-Event-Agentur und soll ihnen einen Happy-Birthday-Strip performen!" „Kommen Sie herein!", sagte Fred „Im Wohnzimmer ist Platz genug!" Die Frau legte einen wahnsinnigen Strip hin. Zeigte alles und noch mehr. „Toll!", sagte Fred und gab ihr einen Kuss. „Jetzt müssen Sie noch unterschreiben, dass ich da war." „Aber!", sagte Fred, „Ich habe Sie gar nicht bestellt, und Geburtstag habe ich auch nicht, aber es war nett, Sie kennenzulernen, wollen Sie meine Frau werden?" „Das kann ich so schnell nicht entscheiden, ich muss jetzt eilen, denn ich habe noch einen weiteren Termin!" Sie gab Fred noch einen flüchtigen Kuss und entschwand.

Kriminaloberkommissar Kotmann verspürte ein dringendes Bedürfnis. Er ging zur Toilette. Ein Toter saß darauf. „Kann man denn nicht mal in Ruhe scheißen gehn?", tobte er. Aber das war bei diesem Beruf wohl nicht möglich.

Kriminaloberassistentin Babette Süßkind, intern „Baby" genannt, betrat die Bar. Eine Dame rotierte an der Stange und zeigte alles, was Frau zeigen kann. Baby Süßkind, obwohl Frauen nicht abgeneigt, beachtete sie nicht. Marschierte durch zur Bar, bestellte einen doppelten Bourbon, kippte ihn runter, schlug mit der Faust auf die Theke und verlangte nach Gastronom Gailmann. Der aber war angeblich nicht da, und auf einer Bußwallfahrt nach Santiago de Compostela, was sie zwar nicht glaubte, aber auch nicht widerlegen konnte. Also bestellte sie noch einen Doppelten und sah sich mit Genuss den Strip an der Stange an.

Ich ging aufs Klo. Ich erschrak, ein Außerirdischer stand neben der Schüssel. Irritiert sah ich nochmal hin. Es war die neue Klobürste im Aliendesign.
Die Gefahr war abgewendet und ich konnte in Ruhe mein Geschäft verrichten.

Kriminalassistentenanwärterin im Vorbereitungsdienst Pola Liebling hatte einen liebreizenden Po, den viele Kriminelle, aber auch Nichtkriminelle, gerne vernascht hätten. Aber, da ließ sie keinen dran und männliche Chauvis schon gar nicht.

Selbstmordattentäter Mustafa Raschid ad-Din Sinan hatte heute keinen guten Tag. In der U-Bahn war er in die Fahrkartenkontrolle geraten und musste 60 Euro Strafe zahlen, um den Terroranschlag nicht zu gefährden. Dann wurde er von ungläubigen Glatzen als islamischer Abschaum beschimpft und dann zündete der Sprengsatz nicht. So wurde es wieder nichts mit dem Märtyrer und der Freikarte ins 7te Paradies und den 72 Huris und er muss sich weiterhin mit seiner langweiligen Aysche zufrieden geben.

Detective III Sweety Sweethard drückte ab, wieder und wieder bis das Magazin leer war. Alle daneben! Sie hätte doch besser nicht die ganze Nacht mit ihren Freundinnen rummachen sollen und statt an Orgasmen lieber an ihre Karriere denken sollen, doch dafür war es jetzt zu spät.

Reporter. Mit großem Wuschelmikrophon in Fußgängerzone unterwegs. Spricht seriös gekleidete, mittelalte Frau an: „Guten Tag gnädige Frau, wie geht es ihrer Vagina?" „Danke gut!", sagte die Frau und ging weiter. Die nächste, ein Goth-Girl, 17 einhalb: „Guten Tag! Tochter der Finsternis, wie geht es ihrer Klitoris?" „Danke gut! Nur das Piercing macht mir etwas zu schaffen, aber ich denke mit Teufelskralle kriege ich das wieder hin!" Der Reporter bedankte sich, und das Girl enteilte auf hohen Plateausohlen. Eine Nonne kam des Wegs: „Grüß Gott Schwester, wie geht es ihrem Uterus?" „Jungfräulich, wie sonst und übrigens gehört er Jesus. Hebe Dich hinfort Satan -- Apage Satanas!" Damit entschwand sie würdevollen Schrittes. Der Reporter hatte jetzt keine Lust mehr auf weitere Befragungen, packte sein Mikro ein und ging in dem Gefühl, dass das kein besonders erfolgreicher Nachmittag war in sein 5-Sterne Hotel und machte sich auf Senderkosten einen schönen Abend. Bestellte ein Escortgirl bei einer Escort-Agentur, 2 Flaschen Champagner, ein Kilo Kaviar beim Roomservice und der Abend war gerettet.

Kriminaloberkommissar Artmann, Ermittler in der Graffitiszene, hatte schlecht geschlafen. Der Fall lag ihm im Magen. Unausgeschlafen stand er auf. Der Kaffee schmeckte ihm nicht. Die Brötchen auch nicht. Er trat aus dem Haus. Auf der Hauswand gegenüber prangte wieder in 2 m großen Buchstaben: „FUCK ARTMANN", und das wahrscheinlich in der ganzen Stadt. Ein äußerst pikanter Fall.

Kriminalhauptkommissar Hauptmann hatte eine neue Kriminalassistentin, ein ehemaliges Pornomodell. Er war sehr zufrieden mit ihr, aber ehrlich hätte er lieber mit ihr im Bett ermittelt, was aber das Beamtenrecht verbot.

Märtyrer Ali kam ins 7te Paradies. 72 Jungfrauen erwarteten ihn. Er geriet in Panik, denn ehrlich, 72 sind doch etwas viel, das kann sogar einen Märtyrer überfordern.

Es klingelte. Bibi ging zur Tür und öffnete. Zwei Herren standen davor. Ein Dicker und ein Dünner. Seriös gekleidet in schwarzen Anzügen, Melonen auf dem Kopf und mit einem großen Werkzeugkasten. „Guten Tag Madam, wir kommen von der Firma Dick & Doof und haben den Auftrag ihre Toilettenspülung zu überprüfen!" Bibi hatte zwar niemand bestellt, aber die Herren machten einen vertrauensvollen Eindruck. Die Spülung war zwar O.K., aber, sagte sie sich: „Man kann nie wissen", und bat die Herren herein. Die marschierten direkt ins Bad und schlossen die Tür. Es rumorte im Bad. Ein lauter Knall, fast eine Explosion erfolgte, und ein Tsunami schwemmte die Toilettentür aus den Angeln, gefolgt von den beiden total durchnässten Herren. Sie lüfteten wieder ihre Melonen, und sagten im Chor: „Madam, ihre Toilette ist undicht und ein Problem für einen Spezialisten!" Damit verbeugten sie sich und entschwanden. Bibi blieb allein zurück, mit einem total überschwemmten Haus und sie sagte zu sich: „Frau sollte nicht auf das seriöse Erscheinungsbild von Herren hereinfallen!"

Es klingelte. Gitte, alleinstehende und zu Depressionen neigende Frau, öffnete die Tür. Ein Clown mit einer roten Nase, gelben Haaren, einer zu großen Hose und viel zu großen Schuhen stand davor. „Hallöchen schöne Frau!", begrüßte er sie, „ Ich komme von der *Gesellschaft für Intensive Depressions-Aufhellung* und soll Sie erheitern!" „Ich habe aber niemand bestellt!", sagte Gitte. „Das macht nichts!", erwiderte der Clown, stolperte über die Schwelle, riß das Tischchen mit der falschen chinesischen Vase um und landete auf dem Bauch. Er rappelte sich auf, brachte seine Frisur in Ordnung und sagte: „Die Schuhe sind einfach zu groß!" Da konnte ihm Gitte nur beipflichten. Er schlappte ins Wohnzimmer, blieb mit seinen großen Schuhen an der Telefonleitung hängen und riß sie aus der Wand, holte eine klitzekleine Violine hervor, und spielte die Teufelsvariationen von Tartini, so schön, dass Gitte vor Rührung weinen musste. „Aber nicht doch!", sagte der Clown, ich bin doch gekommen Sie zu erheitern!" Damit ließ er die Hose fallen. „Oh pardon!", bemerkte er, „Das war nicht vorgesehen, aber wenn Sie wollen, erheitere ich Sie auch im Bett!" Damit zog er alles aus bis auf die rote Nase und die gelbe Perücke. Gitte musste zugeben: er sah nicht schlecht aus, zog sich auch aus und erlebte die lustigste Nummer ihres Lebens. Ja, es gibt doch noch erheiternde Überraschungen.

Romeo und Julia trieben es auf einer Wiese im Park. Eine Polizeistreife kam vorbei und schnarrte: „Können Sie nicht lesen? Das Betreten der Wiese ist verboten!" „Dann gehen wir eben auf den Parkplatz!", sagte Romeo, und sie taten es und trieben es weiter wie zuvor.

Kriminalpolizeikommissarsanwärterin Sybel betrat die Bar. Alle Blicke richteten sich auf sie, was sie ignorierte. Sie marschierte in ihren Doc Martens durch zur Theke, bestellte einen doppelten Bourbon, kippte ihn runter, schlug mit der Faust auf die Theke und schrie: „Ihr könnt mich alle mal am Arsch lecken!" Worauf alle im Chor antworteten: „Ja, ja, ja!"

Kriminalassistentin Babette Liebeskind, Baby genannt, stand im Kontakthof. Rotes Mündchen, goldblonde Haare, Seitenschwänze, extrem kurzes Röckchen, bauchfreies Top mit Spagettiträgern aus dem oben die Brüstchen rausguckten, Netzstrümpfe und rote, spitze Stilettos. Dazu ein kleines Täschchen in Form einer Mickey-Maus. Ein tolles Outfit. Ein großer Mann sprach sie an. „Hey Baby, bist Du neu hier?" „Bin ich!", antwortete sie. „Wieviel?" „100 für normal." „O.K.!" Sie gingen in das Zimmer, das Baby gemietet hatte, er bezahlte, sie zogen sich aus, und hatten eine gute Nummer. Er zog sich an. „Baby!", sagte er, „Du warst gut, aber Du musst wissen, ich bin hier dein Beschützer und dafür bekomme ich 50% deiner Einnahmen, und versuche nicht mich zu betrügen!" Der Recorder war mitgelaufen. „Das reicht!", schrie Baby: „Du bist verhaftet!", trat ihn in den Schritt, fällte ihn mit einem Handkantenschlag ins Genick. Sie holte die Handschellen aus der Mickey-Maus-Tasche und legte sie ihm an. Großzuhälter Gailmann war auf frischer Tat überführt und verhaftet worden und Baby war wieder der Kommissarin einen Schritt näher gekommen.

Jan und Jana hatten ein Problem: Sie fand seinen Penis ekelhaft und er ihre Vulva. Auch der Geschlechtsverkehr macht ihnen keinen Spaß. Aber sie fanden, sie mussten ihn vollziehen, weil sie verheiratet waren. So ist das nun mal.

Leo und Lea hatten eine große Sammlung Sextoys. Aber sie hatten immer noch keines gefunden, das zum ultimativen Orgasmus führte. Also suchten sie weiter, und wenn sie nicht fündig geworden sind, dann suchen sie noch heute.

Der Vollmond stand groß über dem Horizont. Es klingelte. Lucy ging zur Tür und öffnete. Ein Herr mit einer starken Gesichtsbehaarung und ausgeprägten Eckzähnen stand davor. „Bonsoir gnädige Frau!", begrüßte sie der Mann. „Bitte lassen sie mich schnell rein, der Mond verfolgt mich, und macht mich noch wahnsinnig!" „Kommen Sie rein!", sagte Lucy und sie gingen ins Wohnzimmer, saßen sich am Couchtisch gegenüber, aßen Salzstangen, tranken Sekt dazu und unterhielten sich über die seltsamen Wege des Schicksals. Sie wurden müde und gingen zu Bett. Lucy träumte von einem Werwolf, und als sie am Morgen erwachte lag ein schöner, junger Mann neben ihr. „Tut mir leid, aber ich weiß nicht, wie ich hierhin gekommen bin",sagte er: „Aber Sie gefallen mir, und wenn ich ihnen gefalle, können wir heiraten!" Ein Schauer der Liebe durchwallte Lucy, sie umarmte den jungen Mann, küsste ihn und sagte: „Ja!" Seitdem leben sie, zwar unverheiratet, aber glücklich zusammen und das Vollmondproblem, einmal im Monat, wurde durch eine Therapie gelöst.

Kriminaloberkommissar Sauber fühlte sich schmutzig. Er hatte in einem schmuddeligen Viertel ermittelt und sein Bedürfnis seine Hände zu waschen war groß. Er betrat das Badezimmer der Wohnung in der sie gegen einen Pädophilen ermittelten und musste erschreckt erkennen, dass dieser nackt und tot in der Badewanne saß. Er verzichtete auf die Waschung und ermittelte mit schmutzigen Händen weiter.

Das Verhör begann. KK Süßkind, intern Sweety genannt, blonde Seitenschwänze, kleines Top, rotes Mündchen, große Augen, kurzes Röckchen und ein blauer und ein roter Strumpf, eine Hommage an Pipi Langstrumpf und Springerstiefel, betrat den Raum. Der Deliquent saß auf einem abgestoßenen Küchenstuhl unter einer nackten Glühbirne in dem kahlen Raum in dem noch ein kleiner Tisch stand mit einer Klemmleuchte mit starker Birne, die dem zu Verhörenden direkt ins Gesicht schien. „Guten Tag Herr Griesebach!", begrüßte Sweety den Herrn, „Wie ist ihr wertes Befinden?" Der Herr antwortete nicht. „Verstockt, wie üblich!", sagte Sweety zu sich. „Es ist unhöflich nicht zu antworten, wenn man freundlich gefragt wird!", sagte Sweety und versetzte ihm links und rechts eine kräftige Ohrfeige. „Wollen Sie jetzt etwas sagen?" Der Deliquent schwieg. „Na gut!", sagte Sweety, „Dann müssen wir zu etwas strengeren Ermittlungsmaßnahmen greifen!", und versetzte ihm einen Faustschlag unters Kinn, dass er vom Stuhl flog. Sweeties Assistent, der liebe Walter, setzte den Gefallenen wieder auf den Stuhl. „Wie ist ihr wertes Befinden jetzt?", fragte sie. Der Deliquent schwieg. „Ein schwieriger Fall!", bemerkte Sweety, „Walter, hol doch bitte den Wasserschlauch!" Der Deliquent wurde an den Stuhl gefesselt, der Wasserschlauch in seinen Mund gesteckt und der liebe Walter drehte den Wasserhahn auf. Herr Griesebach schluckte und würgte und sein Bauch wurde dick und dicker. „Genug jetzt!", hauchte Sweety und der liebe Walter drehte den Wasserhahn zu. Sie zog den Schlauch aus dem Mund und in hohem Bogen spritzte das Wasser heraus. Sweety flötete mit liebreizender Stimme: „Lieber Herr Griesebach, bitte antworten Sie doch, sonst müssen wir zu noch härteren Ermittlungsmethoden greifen und unter Umständen noch Überstunden machen, und das sollte doch vermieden werden!" Der Deliquent antwortete nicht. Der liebe Walter holte den Dynamo eines alten Wehrmachttelefons mit zwei Kabeln rot und blau mit Krokodilklemmen an den Enden. Der Deliquent war offensichtlich davon beeindruckt: „Hm, hmm, hmmm, hmmmm......!", machte er. Es klopfte an der Tür. Eine Assistentin kam herein, neigte sich zu Sweeties Ohr, schirmte mit einer Hand ab und flüsterte: „Gerade erst bekannt geworden: Der Deliquent ist taubstumm!" Sweety entschuldigte sich bei Herrn Griesebach, denn keiner sollte sagen, die Polizei sei unhöflich, und sie fand, dass das Verhör durchaus ein Erfolg war, denn sie hatte einen Taubstummen zum Reden gebracht.

Es war einmal ein wunderschöner König und eine wunderschöne Königin. Die hatten drei wunderschöne Töchter, eine schöner als die andere. Das Volk war uneins welche die Allerschönste sei, und es bestand Gefahr von Aufständen, ja Bürgerkrieg. Die Berater des Königs erstellten eine Liste aller renommierten Schönheitsexperten und die Königin entschied sich für den berühmten Schönheitsexperten Paris. Die Töchter durften von diesem Geheimprojekt nichts wissen und Paris sollte der schönsten einen vergoldeten Apfel überreichen. Die Töchter hatten sich wieder gestritten, wer die Allerschönste sei, und diesen Streit beschloss man auszunutzen und rief den Schönheitsexperten herbei.

Er ließ die Töchter unverhüllt in einer Reihe vor sich Aufstellung nehmen. Es war, als ginge die Sonne auf, und die Halle war erfüllt vom Lichte der Schönheit. Die Erste hatte wunderschöne Apfelbrüste mit süßen rosa Knospen, die Zweite einen wunderschönen knackigen, runden, samtenen Po mit einem allerliebsten Tal in der Mitte. Die Dritte hatte ein wunderschönes Dreieck mit einem zarten goldenen Flies und einem süßen Ritzchen. So viel Schönheit hatte Paris noch nie gesehen. Der Experte war ratlos. Ratlos biss er in den goldenen Apfel und aß ihn auf. So ist bis heute nicht geklärt wer die Schönste war. Und wenn sie nicht gestorben sind, dann sind sie noch heute schön.

Der Vollmond stand am Himmel von Wolken durchschnitten. Der Wind heulte ums Haus. Unruhig wälzte sich Luzy im Bett hin und her. Sie träumte: Das Fenster öffnete sich knarrend vom Wind. Weiße gepflegte Hände erschienen, ein bleiches elegantes Gesicht, ein vornehmer Herr im schwarzen Smoking und wehender Pelerine schwebte hernieder auf sie. Zart küsste er ihren Hals und schlug zärtlich seine Zähne hinein und süße Schauer durchwallten ihren Körper, gefolgt von multiplen Orgasmen im Rhythmus des Saugens. Der Herr war befriedigt, bedankte sich höflich, verabschiedete sich mit einem eleganten Handkuss und entschwebte durchs Fenster in die Nacht. Als Luzy am Morgen erwachte waren die Fenster geschlossen, die Vorhänge vorgezogen. Sie befühlte ihren Hals. Auf der Halsschlagader fand sie zwei kleine kraterförmige Erhöhungen, circa 3,5 cm auseinander.

Es klingelte. Ich ging zur Tür und öffnete. Ein Mann in einem bodenlangen Kleid , einem weißen Käppi und einem goldenen Kreuz vor der Brust stand davor. „Sei gesegnet, mein Sohn", sagte er, „Ich bin gekommen Dich vor der ewigen Verdammnis zu retten". „Erstens", erwiderte ich, „bin ich nicht Ihr Sohn und zweitens wüsste ich nicht vor welcher Verdammnis ich zu retten sei?" „Dann ist Ihnen nicht zu helfen", sagte der Mann, schlug ein Kreuz und ging.

Der Bus kam. Gunni stieg ein. Drinnen saßen stehend Leute, schweigend im Gespräch vertieft. Als dann auch noch ein totgeschossener Hase auf einer Sandbank Schlittschuh lief, war es ihr einfach zu viel. Sie drückte den Halteknopf und stieg an der nächsten Haltestelle, die es nicht gab, aus.

Es klopfte an der Tür. Ich ging hin und öffnete. Ein Mann in einem langen schwarzen Mantel mit Kapuze und einer Sense stand davor. „Gestatten, mein Name ist Tod, ich soll Sie holen, Sie sind doch Herr Schäffer?" „Nein!", antwortete ich, „Ich bin Herr Schäfer!" „Oh, dann entschuldigen Sie die Verwechselung. Weiterhin noch ein schönes Leben, Tschüss und bis bald!"

Sie fühlte ein dringendes Bedürfnis. Sie ging zur Toilette und öffnete die Tür. Ein fremder Mann saß darauf. „Was machen Sie denn hier?", fragte sie. „Ich verrichte meine Notdurft und möchte dabei nicht gestört werden", antwortete der Mann. Sie machte die Tür wieder zu und überlegte a) Wie lange sie es wohl noch aufhalten könnte und b) Wer das wohl schon wieder war?

Dirty Harry war ein berühmter Pornoregisseur. Er drehte einen Porno und eine Zigarette nach der anderen. Und wenn er nicht gestorben ist dann dreht er noch heute.

Die Sonne schien. Stella lag nackt auf der Terrasse und sonnte sich in der Hoffnung, dass der Voyeur, der sie immer beobachtete, wieder aktiv sein würde. Das Gefühl, beobachtet zu werden, fand sie einfach geil.

Es klopfte an der Tür. Max ging zur Tür und öffnete. Eine sehr große, gut aussehende Frau stand davor. „Moin, Moin!", sagte die Frau, „ich bin gekommen Dich reinzustecken". Damit nahm sie ihn und steckte ihn rein. In der Scheide war es feucht und dunkel. Max hätte nie gedacht, dass es so große Frauen gibt.

Gailmann war ein erfolgreicher Zuhälter. Er war in der Gemeinde hoch angesehen, doch im Kirchenchor wollten sie ihn nicht mitsingen lassen – wegen seiner schlechten Stimme.

Jeden Samstag fährt das Rentner-Verklappungs-Schiff hinaus aufs Meer. Es wird gefeiert, gibt Champagner und Kaviar, Tanzmusik und Animation. Wenn die Stimmung ihren Höhepunkt erreicht wird zur feierlichen Verklappung geschritten. So ist das Problem der Überalterung doch elegant gelöst.

Sie hatten Streit. „Ich finde deinen Penis ekelhaft und Dich dazu!", schrie sie. Daraufhin, schnitt er seinen Penis ab und warf ihn ihr vor die Füße. „Das hättest Du bei unserem neuen Teppichboden nun wirklich nicht tun sollen".

Emma war eine emannzipierte Frau. Sie fand Männer ekelhaft, widerlich und unerträglich. Am Besten wäre es alle zu vernichten, doch leider gab es zu viele davon.

Gunni lag mit der Zugspitze im Bett. Sie liebten sich heiß und inniglich. Dabei wurde es der Zugspitze ganz warm ums Herz – und der Gletscher schmolz ab. Seitdem hat die Zugspitze keinen Gletscher mehr, aber sonst ist noch alles da.

Fischers Fritz war unzufrieden mit seinem Eheleben. Er ging zu einer professionellen Ehetherapeutin. „Wo liegt das Problem?", fragte sie. „Mine Fru de Ilsebill will nit so as ick wohl will!", antwortete er. „Das passiert öfter!", bemerkte die Therapeutin, holte einen Butt aus dem Kühlschrank und sagte dazu: „Wir versuchen die Butt-Therapie: Manche, manche timpete, Buttche, Buttche in der See, sine Fru de Ilsebill will nit so as he wohl will!" Der Butt erwachte und sagte: „Geh nur nach Haus, jetzt will se schon!" Fritz ging nach Hause. „Wo hast Du dich wieder rumgetrieben?", schrie Ilsebill und schlug ihm das Nudelholz wieder und wieder auf den Kopf, dass ihm jedes sexuelle Verlangen verging.

Dornröschen war ein schönes Kind. Sie wohnte in einem Schloss und konnte sich vor Bewerbern nicht retten. Da beschloss sie, um diesen Belästigungen ein Ende zu bereiten, eine undurchdringliche Rosenhecke um ihr Schloss pflanzen zu lassen. Ihr Obergärtner, ein anerkannter Rosenspezialist, suchte eine besonders robuste, widerstandsfähige Sorte aus, die ohne starke Hilfsmittel nicht zu durchdringen war. Die Zeit ging ins Land. Die Verehrer kamen, blieben in der Rosenhecke stecken, mumifizierten und waren eine gute Abschreckung. Bis Prinz Siegfried kam, der berühmte Recke. Er brachte Kanonen, Stalinorgeln und Flammenwerfer mit. Sprengte und brannte die Hecke nieder, wobei auch das Schloss in Trümmer ging, samt Dornröschen, die verschüttet wurde. So wurde auch aus dieser Werbung nichts. Prinz Siegfried soll nie geheiratet haben und zeitlebens Dornröschens gedacht haben.

Es war einmal eine wunderschöne Prinzessin. Die wohnte in einem goldenen Schloss und hatte drei goldene Schamhaare, und es ging die Prophezeiung um, dass nur der Freier sie zur Frau bekäme, dem sie ihre drei goldenen Schamhaare offenbarte, alle anderen wären des Todes. Die Freier kamen, die Prinzessin weigerte sich ihre Schamhaare zu zeigen, und so waren sie des Todes und ihre Köpfe wurden auf den Spitzen des Schlosszaunes ausgestellt. Doch eines Tages kam einer mit glatter Haut, glänzenden Augen und weichen Haaren, küsste ihre Hand, legte eine Hand auf ihre Brust, und sagte: „Zeig sie mir!" Und der Prinzessin wurde ganz weich ums Herz und sie hob den Rock, und zeigte ihr Geheimnis, und der Prinz küsste zärtlich ihre drei Schamhaare. Daraufhin entblößte auch der Freier seine Scham und zeigte seine drei goldenen Schamhaare, die die Prinzessin küsste und in tiefer Liebe entflammen ließen. Die Leidenschaft beruhte auf Gegenseitigkeit, sie heirateten und lebten glücklich bis an ihr Lebensende. Und wenn sie nicht gestorben sind, dann lieben sie sich noch heute.

Das Telefon klingelte. Sigi ging zum Telefon und nahm den Hörer auf: „Halloo! Sigi Frööhlich am Apparat!" „Hallöchen! Stalker ist mein Name und ich begrüße Sie ganz herzlich!" Sigi legte wütend auf. Es dauerte nicht lange und es klingelte wieder. Sigi überlegte: Sollte sie drangehen oder nicht? Es konnte ja auch ihr Freund oder etwas anderes Wichtiges sein. Sie ging dran. „Halloo! Sigi Frööhlich am Apparat!" „Hallöchen! Hier Stalker, wie geht es ihrem Po?" Wütend knallte sie den Hörer aufs Telefon. Sie ging aufs Klo. Kaum saß sie, klingelte es schon wieder. Sie überhörte es. Sie wusch ihren Unterleib, während es ständig klingelte. Genervt nahm sie den Hörer auf: „Sigi Fröhlich!" „Hallöchen, Sie waren auf dem Klo und haben ihren Unterleib gewaschen?" „Das geht Sie einen Scheiß an!", schrie Sigi und knallte den Hörer auf und legte ihn daneben und nach kurzer Zeit wieder auf. Nicht lange danach klingelte es wieder. Drangehen oder Nichtdrangehen, das war hier die Frage. „Sigi Fröhlich!" „Hallöchen!", sagte die Stimme, „Was macht ihr Muttermal, rechte Innenseite Oberschenkel, 6 cm vom Scheideneingang entfernt, und Sie haben ja immer noch keinen Schlüpfer an!" „Sie Schwein, verdammtes Schwein", schrie Sigi und riss vor Wut das Telefonkabel aus der Wand. Sie stieg um auf Handy, hatte eine Geheimnummer, und dachte jetzt bin ich ihn los. Wenige Tage nach der Umstellung, erklang die Kleine Nachtmusik des Handys. Sigi drückte den grünen Hörer: „Hallo Sigi!" „Hallöchen, hier Ihr lieber Freund, der Stalker, herzlichen Glückwunsch zum neuen Telefon, jetzt sind Sie endlich überall für mich zu erreichen!"

Es klingelte. Marie ging zur Tür und öffnete. Ein Mammut stand davor. „Guten Tag!", sagte das Mammut, „Ich bin obdach- und mittellos, können Sie mir helfen?" Marie überlegte: Wenn man alles ausräumte, müsste das Wohnzimmer reichen und ein Austritt zum Garten ließe sich auch schaffen. „Kommen Sie herein!", sagte Marie. Seitdem wohnt das Mammut im Wohnzimmer, es riecht etwas, es frisst sehr viel, aber sonst geht es ganz gut und alle sind zufrieden.

Peter und Paul konnten nicht verstehen, wie jemand an so etwas Ekelhaften wie einer Vagina Freude empfinden konnte, während Nelly und Nelda es nicht nachempfinden konnten, wie jemand an so etwas Widerlichen wie einem Penis Gefallen haben konnte.
Ja, so ist das.

Es klingelte. Die schöne, junge Witwe Bolte ging zur Tür und öffnete. Max und Moritz standen davor. „Einen guten Tag, Frau Bolte!", grüßten die beiden, „Wir hätten mal wieder Appetit!" „Kommt herein", sagte Witwe Bolte: „Und geht gleich durch ins Schlafzimmer und zieht Euch aus!" Max und Moritz taten, wie Ihnen geheißen. Frau Bolte kam nach und legte einen Wahnsinnsstrip hin, kam zu ihnen ins Bett, befriedigte beide, ließ sich auch befriedigen, erlebte einen Höhepunkt nach dem anderen, bat sie danach ins Esszimmer, holte von dem Sauerkohle (wovon sie besonders schwärmt, wenn er wieder aufgewärmt, was sie auch tat), servierte ihn und die ausgehungerten Knaben und die unersättliche Witwe, aßen von dem köstlichen Kohl, der mehr Genuss bereitete als die vorhergegangenen Freuden, und sie saßen nach dem Sauerkrautessen noch lange zusammen, satt und zufrieden, auf Witwe Boltes Sofa und waren glücklich.

Es klingelte. Jane ging zur Tür und öffnete. Tarzan stand davor, nur mit einem kleinen Leoparden-Lendenschurz bekleidet, bodygebildet glänzend. „Hey Baby!", sagte er, „ich komme von der Eventagentur JungleSex GmbH & Co und soll ihnen einen heißen, authentischen JungleStrip im Namen ihrer Kollegen darbieten". „Sie haben ja fast nichts an", sagte Jane. „Das ist ja gerade die Kunst", antwortete Tarzan und begann. Tarzan war von einer Flexibilität, die frau ihm nicht zugetraut hätte, und wie kunstvoll er sich seines Lendenschurzes entledigte war sagenhaft und das ohne Urwald und Lianen. Er war ein wirklich attraktiver Mann mit einer außergewöhnlichen Erektion, die Jane stark erregte. Tarzan bat sie auf den Teppich zu kommen, entkleidete sie, küsste ihre Brüste, ihren Bauch, ihren Venushügel, legte sie nieder, spreizte ihre Beine, und schob zärtlich seinen Urwaldforscher in den Urwald zwischen ihren Schenkeln. Soviel Zärtlichkeit hätte Jane einem aus dem Event-Jungle nie zugetraut.

Die minderjährige Witwe ging zur Tür und öffnete. Ein distinguierter Herr stand davor. „Guten Abend sind Sie das Öffentliche Haus?", fragte er, „Nein!", sagte sie, „Ich bin die minderjährige Witwe, aber durchaus aufgeschlossen, kommen Sie doch herein!" Der vornehme Herr betrat das Haus. Er war wirklich gut angezogen, gepflegt und roch gut. Sie saßen auf dem Sofa, und die minderjährige Witwe wurde immer erregter. Sie streichelte den feinen Stoff seines Ärmels, den Schlitz seiner Hose, was Auswirkungen auf ihren Schlitz hatte. Sie begann ihn auszuziehen, er wehrte sich nicht. Sie küsste seine Brustwarzen, sein Glied seinen Po, alles, wo sie erogene Zonen vermutete, und gerade, als sie sein Glied einführen wollte, zog er einen Ausweis aus seinem Sakko und rief: „Aufhören, Sie sind verhaftet wegen gewerbsmäßiger Unzucht einer Minderjährigen!" Fazit: Minderjährige Witwen haben es nicht leicht.

Es klingelte. Ich ging zur Tür und öffnete. Ein Goth-Girl stand davor. „Heil Satan!", sagte sie, „Mein Name ist Suizi Suizid, machste mit?" „O.K.", antwortete ich, „Ich bin heute eh nicht gut drauf, machen wir's!" Sie holte aus ihrer schwarzen Tasche zwei schwarze Pillen mit weißen Totenköpfen drauf, ich holte zwei Gläser Wasser, wir warfen die Tabletten ein und das war's dann.

Ich ging am Starnberger See spazieren. Im Wasser schwamm eine Leiche. „Hallo!", sagte ich, „Wie gehts?" „Danke gut!", sagte die Leiche und schwamm weiter.

Es klingelte. Ich ging zur Tür und öffnete. Ein Mann und eine Frau, elegant ganz in schwarz, mit eleganten schwarzen Umhängetaschen standen davor. „Einen gesegneten Tag!", wünschten sie, „Wir kommen von der Sterbehilfe Do It Yourself, sind Sie bereit?" „Nein Danke!", sagte ich, „Heute passt es mir nicht, kommen Sie Morgen wieder!" „Gut!", antworteten sie: „Dann bis Morgen!"

Der Vorhang ging auf. Auf der Bühne war nichts. Absolut nichts. Exakt eine Stunde betrachtete das Publikum das Nichts. Der Vorhang ging zu. Das Publikum applaudierte. Pause. Zweiter Akt: Der Vorhang ging auf. Auf der Bühne war nichts. Absolut nichts – exakt eine Stunde. Das Nichts verbeugte sich und das Publikum applaudierte begeistert und der Beifall ging in Standing Ovations über. Das Nichts verbeugte sich wieder und wieder und so ging das bis in alle Ewigkeit.

Er war theoretischer Physiker. Er liebte es stundenlang die Vulva seiner Frau zu betrachten, und dachte dabei an Schwarze Löcher, die Dunkle Materie, an Dunkle Energie, den Urknall und die Große Vereinheitlichte-Theorie. Und er meinte, die Antwort müsse irgendwo dort zu finden sein.

Der Vorhang ging auf. Die Bühne war leer. Ein Mann trat von links auf. Blieb exakt in der Mitte stehen, holte seinen Penis raus und urinierte auf die Bühne. Packte seinen Penis wieder ein und ging rechts ab. Das Publikum applaudierte begeistert. Eben modernes realistisches Theater!

Der Vorhang ging auf. Auf der Bühne lag eine Matratze exakt in der Mitte. Von links trat eine Frau auf, zog sich aus und legte sich auf die Matratze. Von rechts trat ein Mann auf. Zog sich auch aus und legte sich auf die Frau. Sie vereinigten sich, kamen zum Höhepunkt, trennten sich und gingen jeder in seiner Richtung ab. Das Publikum war begeistert und die Kritik sprach von einer Sternstunde des Theaters.

Der Vorhang ging auf. Eine Frau trat von links auf, blieb in der Mitte der Bühne stehen, hockte sich hin, und verrichtete ihre Notdurft und ging anschließend nach rechts ab. Das Publikum applaudierte verhalten, es gab auch einige Buhrufe und die Kritik war geteilt zwischen Begeisterung und totaler Ablehnung.

Die Ouvertüre war verklungen, der Vorhang ging auf. Von links sprang die Ballerina auf die Bühne, von rechts der Ballerino. Sie prallten in der Mitte zusammen, stürzten, rappelten sich wieder auf und die Ballerina versetzte dem Ballerino einen Spitzenschuh-Fußtritt unters Kinn. Der Ballerino schlug elegant zurück, und die Ballerina blutete aus der Nase. Mit einem Tritt ins Suspensorium zwang sie ihren Partner sich zu krümmen, um ihn mit einem graziösen Handkantenschlag zu Boden zu zwingen und setzte sich mit einer Geste des Triumphes auf ihn. Die Kritik war von diesem Pas de deux begeistert, sprach von einem Quantensprung des Balletts, lobte die Eleganz und Leichtigkeit, den neuen Realismus, während das Publikum verhalten reagierte.

Es klingelte. Stella ging zur Tür und öffnete. Ein außerirdischer Tourist stand davor. „Gutten Tack!", sagte er mit einem starken außerirdischen Akzent, „Isch fürde mer kerne ti Hohnunk eina Irrtischen anzehen!" Stella hatte gehört, dass die Außerirdischen allen Horrorfilmen zum Trotz, freundliche und sanfte Wesen seien. Deshalb sagte sie zu sich: „Warum nicht?" „Kommen Sie herein!", sagte sie und der Außerirdische kam herein. „Nehmen Sie doch Platz!", lud sie ihn ein Platz zu nehmen und der Außerirdische, der offensichtlich keine Möbel gewohnt war, setzte sich umständlich in einen Sessel. Stella setzte sich ihm gegenüber und sie sahen sich mit großen Augen an. Beiden fehlten die Worte. Stella fand ihn nicht unsympathisch und brach das Schweigen: „Darf ich Ihnen etwas anbieten, z.B. Campagner, der bei Jubiläen und besonderen Anlässen der Irdischen serviert wird?" Er hatte offensichtlich nicht verstanden, auch sein Übersetzungscomputer nicht, der wahrscheinlich auf eine falsche Exoerde programmiert war. Also, sagte sie sich, machen wir den Versuch. Sie holte eine Flasche Champagner, denn sie fand, das es ein ganz besonderer Anlass war. Sie öffnete die Flasche, der Außerirdische sah interessiert zu, schenkte ein und reichte dem Außerirdischen das Glas. Sie hob das Glas und nickte dem Außerirdischen zu das Gleiche zu tun. Sie setzten das Glas an die Lippen und tranken. Es gab einen gewaltigen Knall, der Außerirdische war verschwunden. Stella fand das schade, und nahm sich vor, wenn mal wieder ein Außerirdischer vorbeikommen würde, ihm etwas anderes anzubieten.

Es klingelte. Sandra ging zur Tür und öffnete. Ein Untoter, auch Zombie genannt, stand davor. „Erschrecken Sie nicht über mein Aussehen." sagte er, „Ich bin gekommen, Ihnen ein Anliegen der Untoten zu übermitteln!" „Sie können mich nicht erschrecken, ich bin Schlimmeres gewöhnt, kommen Sie doch herein!" Sie bat ihn in die Küche, sie saßen auf der Eckbank, Sandra machte einen Espresso und sie unterhielten sich über die Probleme der Zombies, und dass der Friedhof bald aufgelassen werden solle, weil die Kosten der Gemeinde zu hoch waren. Sandra, die auch im Gemeinderat saß, versprach sich für die Interessen der Zombies einzusetzen, besonders unter dem Aspekt, dass jeder einmal Zombie werden könne. Aber, das sagte sie ihm auch, dass sie die Erfolgsaussichten nicht besonders hoch einschätze. Es begann zu dämmern und der Zombie sagte: „Ich muss jetzt eilen, zurück in meine Gruft und vielen, vielen Dank im Namen aller Untoten!" Er gab Sandra einen französischen Abschiedskuss auf die Wange und verschwand in der nebligen Morgendämmerung. Trotz Sandra's Engagements wurde der Friedhof aufgelassen und zu einem Parkplatz umgestaltet. Und Besuche von Zombies bekam Sandra auch nicht mehr.

Kriminalkommissar Drinkmann betrat die Bar. Killermann, der berühmte Kriminelle saß an der Theke. „Grüß Gott Herr Kriminalhauptkommissar!", grüßte ihn Killermann: „Darf ich Sie zu einem Drink einladen?" „Nein Danke!" erwiderte Kriminalkommissar Drinkmann: „Ich bin nicht im Dienst!"

Carla kam die Treppe herab. Sie warf noch einen Blick in den Spiegel. Die Lippen waren herzförmig rot geschminkt, perfekt. Das Augen-Make-Up war kräftig und ausdrucksvoll, die Haare golden blondiert, leuchteten wie die Sonne. Sie war zufrieden und trat aus dem Haus und schritt mit hohen Stilettos, kurzem Röckchen und wiegenden Hüften die Straße entlang. An der ersten Kreuzung pfiffen ihr zwei Chauvis nach. Sie beachtete sie nicht. Am Freiheitsdenkmal wurde sie von zwei Migranten als Hure und Schlampe beschimpft. Sie ignorierte sie. Sie kam auf den Platz der Gleichberechtigung. Eine größere Gruppe levantinischer Jungmänner umringte sie und fasste sie ans Gesäß. Sie ging weiter. Von hinten hörte sie eine Vespa kommen und eine Hand griff unter ihren Rock. Sie ging weiter. Sie konnte sich wirklich nicht erklären, warum ihr heute so viel passierte, hatte sie sich doch nur schön angezogen: Hohe Stilettos, Miniröckchen, durchsichtiges Top, starkes Make-Up – sie war doch eine emannzipierte Frau.

Bei Baron Dr Frankenstein klingelte es. Er ging zur Tür und öffnete. „Good evening Dr Frankenstein, Mr Holmes and Dr Watson!" „You are welcome, how can I help you?", fragte der Baron und bat sie in den Salon. „Do you know, where the big man can be found with scares in his face and electrical contacts at his neck and very big shoes?" „Sorry no idea!", sagte der Baron und Mr Holmes und Dr Watson warens zufrieden lüfteten ihre Melonen und gingen. Der Baron ging zurück zum Frühstückstisch an dem ein großer Mann mit Narben im Gesicht saß und Kontakten am Hals. „Lets enjoy our fried eggs", sagte der Baron und sie konnten sich vor Lachen kaum einkriegen über diese beiden Dummköpfe Sherlock Holmes und Dr Watson.

Louis war ein begeisterter Hobbywerker. Er hatte recherchiert, ingenieursmäßig die Konstruktion durchdacht, eine Zeichnung gemacht, eine genaue Liste der Teile erstellt und war jetzt auf dem Weg zum Baumarkt. Er nahm einen großen Einkaufswagen und begann mit dem Einkauf:

Balken, gehobelt, Hartholz,
10 x 10 cm Querschnitt:

2 a 300 cm
1 a   70 cm
2 a 200 cm
4 a   50 cm
8 a 100 cm

1 Brett   80 x 150 cm 2 cm stark
2 Bretter 25 x   50 cm 2 cm stark

2 U-Schienen 300 cm
1 Gewindespindel 80 cm
1 Metallrolle 10 cm
1 Stahlseil 0,5 cm 600 cm
1 Stahlblech 50 x 75 cm, 3 mm stark
4 starre Industrierollen
2 Bleiplatten a 5 kg
1 Weidenkorb 50 cm

Des Weiteren Schrauben, Industriefett, Klein- und Befestigungsmaterial, ein Klemm- und eine Auslösevorrichtung. Er bezahlte, fuhr nach Hause, trug alles in seine Hobbywerkstatt und fing sofort an. Die beiden 3 m Balken schraubte er mittig und senkrecht auf die 2 m Balken, verband sie mit den 50 cm Teilen, verband die oberen Enden mit dem 70 cm Teil, schraubte die U-Schienen auf die senkrechten Pfosten, schnitt die 1 m Teile auf Gehrung, verschraubte sie mit den Pfosten, um ihnen die notwendige Stabilität zu geben. Schnitt das Stahlblech im Winkel von 45 Grad, schliff die Schrägseite doppelseitig scharf an, machte Bohrungen für das Seil und die Gewichte und setzte es in die Schienen ein. Montierte oben die Spindel und die Rolle, befestigte das Seil am Blech und zog es oben über die Rolle und hinten wieder runter zu dem Befestigungs- und Auslösemechanismus. Die 25 x 50 Bretter legte er zu einem Quadrat zusammen und schnitt mittig einen 15 cm Kreis aus, setzte sie 80 cm von unten zwischen die Pfosten. Baute die Bank zusammen, stellte den Weidenkorb auf und besah sein Werk und fand, dass es gut war. Jetzt musste er es nur noch testen. Er legte sich auf die Bank, zog sich nach vorn, steckte seinen Kopf durch das zweigeteilte Loch, zog mit dem Stahlseil das Stahlblech hoch und löste aus. Das Stahlblech fiel -- die Maschine funktionierte einwandfrei.

Es klingelte. Lucy ging zur Tür und öffnete. Ein Herr in einem schwarzen Umhang und deutlich vergrößerten Eckzähnen stand davor. „Bonjour Madame!", begrüßte er sie und deutete einen Handkuss an. „Je veux faire l'amour avec vous!" Er gab ihr einen intensiven Kuss auf die Halsschlagader und begann zu saugen, und Lucy erlebte einen Orgasmus nach dem anderen, bis er offensichtlich seinen Höhepunkt erreichte. „S'il vous plais, Madame!", sagte der Herr, verabschiedete sich mit einem angedeuteten Handkuss und entschwand in die Nacht. Nie hätte sie gedacht, dass Vampirliebe so intensiv sein kann.

Es klingelte. Lili ging zur Tür und öffnete. Ein Herr in einem weißen Anzug und einer Arzttasche stand davor. „Guten Abend!", sagte er, „Ich bin Gynäkologe Dr. Freudenstein, komme vom Weltgesundheitsamt, und soll in amtlichen Auftrag den Vaginalzustand aller alleinstehenden Frauen untersuchen. Wenn Sie nicht mitmachen wollen, müssen Sie es nur sagen". Lili, eine unverklemmte, emannzipierte Frau, sagte sich: „Warum nicht?" Der Gynäkologe bat sie sich auszuziehen, sich auf den Küchentisch zu legen und die Beine zu spreizen. Er steckte zwei Finger in ihre Scheide, klopfte mit der anderen Hand auf den Unterbauch, steckte einen weiteren Finger in den Anus, was kein schlechtes Gefühl auslöste. „Ihre Beckenbodenmuskulatur ist ausgezeichnet, haben Sie oft GV?" Das musste sie bejahen, und der Gynäkologe machte sich eifrig Notizen. Dann schritt er zur Penisprobe. Er steckte ihn rein, bewegte ihn hin und her, machte dabei Notizen, ejakulierte, zog ihn raus, füllte ein Formular aus, ließ sie auch unterschreiben, verabschiedete sich höflich und ging. Nachdem er weg war fiel ihr ein, dass die Kripo vor einem Sextäter gewarnt hatte, der als falscher Frauenarzt sich an die Frauen ranmachte um sie zu missbrauchen, wobei Lili fand, dass der Missbrauch nicht so schlimm gewesen sei, sondern eher originell.

Es waren einmal drei Schwestern, eine schwieriger als die andere, und jede so schwierig, wie es schwieriger nicht geht. Sie warteten auf ihre Prinzen, aber keiner kam, denn ihre Schwierigkeit hatte sich herumgesprochen. Das war ein großes Problem für den König und die Königin und sie beschlossen, ihre Töchter therapieren zu lassen. In Frauenstadt gab es einen Lehrstuhl für Schwierige Mädchen und einen Professor, der Experte dafür war. Diesen Fachmann ließen sie kommen. Die Erste redete pausenlos, ließ niemanden, auch den Professor nicht zu Wort kommen und hörte nicht zu. Der Professor musste passen. Die Zweite war extrem religiös, dachte nur an ihr Seelenheil und und sonst nichts. Sie hielt den Professor für den Satan, der sie vom rechten Wege zum Seelenheil abbringen wollte und verließ ihn mit den Worten: „Apage Satanas!" Die Dritte war extrem eitel, hielt sich für die schönste Frau der Welt und war den ganzen Tag mit ihrer Schönheit beschäftigt, so dass für etwas anderes keine Zeit mehr blieb. Auch für den Professor nicht. Der Professor gab auf, kassierte sein stattliches Honorar und reiste ab. Die Schwestern blieben schwierig wie zuvor, warteten auf den Prinzen Simplizissimus, der aber nicht kam, und wenn sie nicht gestorben sind, dann warten sie noch heute.

Hans war ein Versager. Alles, was er anfasste ging schief. Sogar die letzte Nummer mit Grete. Das war Grete dann doch zu viel. Sie ließ sich scheiden und ging zu Klaus, der auch nicht besser war.

Zwei Neandertaler saßen in der Höhle und unterhielten sich über die Welt und das Weltall und wie das wohl alles entstanden sein konnte. „Ich denke", sagte der eine, „ein Oberneandertaler hat alles erschaffen, sagen wir in sieben Tagen, denn für einen Tag wäre es etwas viel". „Das glaube ich nicht", sagte der andere: „Wenn man die Galaxienflucht berücksichtigt müsste alles in einem Neandertalerurknall entstanden sein aus einem Punkt unendlicher Dichte und Temperatur!" „So kann man es auch sehen", sagte der Erste, „aber ich bevorzuge meine Version!" Diese beiden Standpunkte erwiesen sich als unvereinbar, und für lange Zeit setzte sich nur der erste durch.

My Lai war eine erfolgreiche Leihmutter. Jedes Jahr bekam sie ein Kind. Von immer anderen Eltern. Darauf war sie sehr stolz und auch, dass das nicht durch lästigen Geschlechtsverkehr geschah, und das sie immer noch Jungfrau war.

Graf Dracula hatte Zahnschmerzen und ging zum Zahnarzt. „Oh, ohh, ohhh!", sagte der Zahnarzt, „Ihre Eckzähne sehen sehr schlecht aus, die sind nicht zu retten. Ich schlage Ihnen Implantate vor!"
Der Graf bekam Implantate, die hatten keine Kanäle für die vampirische Lymphe und auch keine Verbindung zu den vampirischen Lymphdrüsen. Seitdem ist der Graf vampirisch impotent und kann keine neuen Vampire mehr zeugen, worunter er sehr leidet.

Wolf war ein großer Tierfreund. Er besuchte das Tierheim der Stadt und sah sich die Tiere an. Eine besonders schöne, schlanke, hochbeinige, großäugige, sandfarbene Katze zog seinen Blick an. Sie sahen sich an, und er meinte, dass die Katze zu ihm sprach: „Mein Name ist Bastet, nimm mich mit und Du wirst es nicht bereuen!" Er nahm sie mit. Zu Hause verwandelte sie sich in eine wunderschöne Frau, das Haus in einen Tempel, er in einen ägyptischen Priester und sie in seine Priesterin. Sie vollzogen die Rituale des ägyptischen Kultes und zusätzlich das eine, das der Homo sapiens besonders liebt.

Flora und Florian saßen auf der Blumenwiese. Sie hatten sich vorher geliebt, und die Wiese war an dieser Stelle noch ganz plattgelegen. Flora pflückte ein Gänseblümchen und begann das alte Kinderspiel: „Er liebt mich! Er liebt mich nicht!" Sie zupfte ein Blütenblatt ab und sagte: „Er liebt mich!" Beim nächsten: „Er liebt mich nicht!" Beim übernächsten: „Er liebt mich!" Und so weiter, und so weiter, bis es beim 32ten mit „Er liebt mich nicht!", endete. Sie stand auf und sagte: „Du liebst mich nicht! Ich verlasse Dich!", und ging. Seitdem sitzt Florian allein auf der Blumenwiese und denkt darüber nach, dass wenn Flora anders angefangen hätte, es anders ausgegangen wäre.

Hannes und Hanne saßen am Strand, sahen sich den Sonnenuntergang an und genossen den Urlaub. Ein dunkler horizontaler Strich erschien in der Ferne, der immer dicker werdend, sich grollend näherte, und zu einer Wasserwand entwickelte. Ein Tsunami! Sie schwammen nebeneinander und Hanna sagte zu Hannes: „So was gibt's in Gelsenkirchen nicht!" „Das stimmt!", erwiderte Hannes, und das waren seine letzten Worte.

Kriminaloberassistentin Sibel Klein sprang in den Raum, nachdem sie die Tür mit einem Fußtritt aufgestoßen hatte. Die Walther P6 im Anschlag in einer leichten Hockstellung. Zuhälter Gailmann war gerade dabei zur Entjungferung zu schreiten. „Hände hoch!", rief Sybel „und sofort mit der Entjungferung aufhören!" Erschreckt fuhr Zuhälter Gailmann herum, hob die Hände und das Glied senkte sich proportional. Sibel war stolz, wieder hatte sie eine Jungfrau gerettet und war der Beförderung zur Kommissarin einen Schritt näher gekommen.

Mauer bei Heidelberg, 635 000 Jahre BC: Der heute Homo heidelbergensis genannte Mensch, eine Spezies des Homo erectus hatte Erektionsschwierigkeiten. Die Yohimbin-Lieferungen aus Afrika waren wieder ausgeblieben. Möglich, dass das zum Aussterben dieser Spezies beitrug.

Krimhilde war eine erfolgreiche Kriminalkommissarin, vor der alle Kriminellen zitterten. Sie war in stiller Liebe zu Kriminalhauptkommissar Siegfried entbrannt, der aber von einem Kriminellen namens Hagen hinterrücks erschossen wurde. Seitdem sinnt sie auf Rache.

Margarethe, sexy gewandet, lustwandelte durch die Fußgängerzone, als ein wildfremder, altmodisch gekleideter Herr sie ansprach: „Schönes Fräulein, darf ich's wagen, Arm und Geleit Ihnen anzutragen?" Das war zuviel, eine unakzeptable Anmache! „Verpiss dich, du Wichser!", schrie sie ihn an, worauf der Fremde sofort von ihr abließ und in einer Seitengasse verschwand.

Elvira lag in süßem Schlummer, als sie von einem lieblichen Gesang, den sie zunächst für einen Teil eines Traumes hielt, geweckt wurde. Ein Typ mit einer Strumpfhose, Stiefeln, einem Wams und einem Hut mit Federbusch stand unter ihrem Fenster und sang zur Gitarre ein italienisches Lied. Ein hübsches Lied, aber das galt bestimmt ihrer liederlichen Zofe und der Sänger hatte sich im Fenster geirrt. Sie rief die Polizei, die diesen Sittenstrolch und Ruhestörer verhaftete. Sie hatte wieder ihre Ruhe und konnte weiterschlafen. Nur ihre Zofe war anderntags beleidigt.

Die Lusthansa war ein lustige Fluggesellschaft. Vielleicht die lustigste von allen. Der Niedergang begann damit, dass die Piloten keine Clownsuniformen mehr tragen wollten, und sich weigerten die roten Nasen, die zur Uniform gehörten, aufzusetzen und dagegen streikten. Die Stewardessen wollten keinen Airstrip mehr aufführen, um die Fluggäste zu belustigen und auch die Stange sollte verschwinden. Der Lustgewinn der Gesellschaft sank, weil immer mehr Passagiere zu anderen Airlines wechselten. Daraufhin beschloss das Management den Namen zu ändern in Lufthansa. Seitdem versteht die Gesellschaft keinen Spaß mehr und Schluss ist mit lustig.

Der Quotenkampf wurde immer härter – die Fernsehansagerinnen und Moderatorinnen immer schöner, so schön, dass sie bald nicht mehr auf die immer flacheren, gecurvten, 4D-Bildschirme passten. Trotzdem wanderten immer mehr Zuschauer, auch wegen der Interaktionsmöglichkeiten, ins Internet und zu den Privaten ab, dass die Öffentlich-Rechtlichen mit leicht oder gar nicht bekleideten Moderatorinnen und Ansagerinnen übertrumpfte. Die Politik war ratlos. Beschloss die Öffentlich-Rechtlichen einzustellen, verkaufte den Rest an die Kirchen, die das aus Spendengeldern für die 3. Welt finanzierten, und so begann ein neuer Abschnitt der Fernsehgeschichte. Und alle sahen zuversichtlich in die Zukunft.

Es klingelte. Ich ging zur Tür und öffnete. „Lovely to see you!", begrüßte mich ein dicker Mann, „My name is Goldfinger, I'm a man who loves gold very much!" „Interesting!", antwortete ich, „What can I do for you?" „I've got severals tons of gold in my Rolls, it is possible to store these in your cellar?" „Oh!", sagte ich, „My cellar is very small, but we can try it". Es war sehr anstrengend, das Gold in den Keller zu tragen. Aber wir schafften es. Goldfinger verabschiedete sich höflich wie ein Gentleman, ich habe nie wieder von ihm gehört, und das Gold ist immer noch in meinem Keller, so viel, dass ich kaum für etwas anderes Platz habe.

Uru und Ura liebten sich in der Tundra. Eine Mammutherde zog vorbei mit etlichen Jungtieren im Gefolge. „Schämt ihr Euch nicht", sagte die Leitkuh, „Seht ihr denn nicht, dass wir Kinder dabei haben?" „Da habt ihr Recht", sagte Uru: „Es tut uns leid!" Uru und Ura gingen in ihren Iglu aus Mammutstoßzähnen und Mammutfellen und liebten sich dort weiter, und Ura fand, dass es da eigentlich viel gemütlicher war. Kurz darauf wurde ein Gesetz erlassen, das die Liebe im Freien in der Tundra verbot. Seitdem sieht man/frau dort keine Liebenden mehr.

Max Großmann hatte schon wieder eine Großplastik geschaffen: „Der Denker". Er war 4,5 m hoch und saß auf einer Toilette und die Betrachter und die Betrachterinnen konnten dem Denker beim Denken zusehen. Regelmäßig lief die Wasserspülung – die Denkexkremente wurden weggespült. Die Kritik war gespalten. Die einen fanden, eine Toilette sei kein würdiger Ort für einen Denker, die hyperrealistische Nacktheit sei eine Provokation und das schiefhängende Bild von Rodin's Denker eine Beleidigung des großen Bildhauers. Die anderen fanden die Skulptur genial, den Denker in unsere Zeit geholt, die Größe die Bedeutung ausdrückend. Das Publikum reagierte differenzierter. Einige fanden sie zu groß, andere den Mann nicht schön genug, wieder andere fragten sich was der Scheiß solle? So löste die Skulptur alle möglichen Denkvorgänge aus und das war ja wohl der Sinn der Übung.

Krimihilde, ein beliebte Krimiautorin schrieb an ihrem neuen Krimi: Ein Kleinkrimineller namens Siegfried gewann die Edelprostituierte Krimhild zur Frau, indem er ihrem Bruder Gunter half, die Kampfsportlerin Brünhilde mit unfairen Mitteln zu besiegen und zur Frau zu gewinnen. Nachdem Brünhilde von diesem Betrug erfahren hatte, sann sie auf Rache. Sie beauftragte Hagen, einen erfahreneren Killer und Kriminellen, Siegfried zu ermorden, was dieser in der Bar „Zur Quelle" tat, in der sich Siegfried infolge Volltrunkenheit nicht verteidigen konnte. Seitdem sinnt Krimhild auf Rache, aber so weit ist Krimihilde noch nicht.

Abdul Rachman, fundamentalistischer Dschihadist stürmte festen Glaubens gegen die MG-Stellung der Ungläubigen. Die Kugeln pfiffen um ihn herum, und eine traf ihn in die Brust, verfehlte aber das Herz. Er lag im Sand vor der MG-Stellung und wartete, was da kommen würde. Aber nichts kam. Kein Engel. Kein Wunder. Seine Sinne schwanden. Er lag im Sand vor der MG-Stellung der Ungläubigen und konnte nicht geborgen werden. So konnte er nichtmal ein ordentliches Begräbnis bekommen.

Rotkäppchen klingelte bei Großmutter im Walde. Ein Unbekannter öffnete die Tür. „Dr. Wolf, Gerontologe!", stellte er sich vor. Er sah etwas seltsam aus, aber Rotkäppchen dachte nichts Böses dabei. Er bat sie herein. Das Bett der Großmutter war leer. Seltsam, dachte Rotkäppchen. Sie stellte nichtsahnend den Korb mit den zwei Flaschen Wein und dem Kuchen auf den Tisch, als der Fremde sich plötzlich auf sie stürzte. Rotkäppchen wich aus, griff eine Flasche Wein und schlug sie dem Angreifer auf den Kopf. Der schwankte benommen, was Rotkäppchen ausnutzte um ihm die zweite Flasche auf den Kopf zu schlagen. Er war K.O. Sie nahm ihr Ei-Pad, wählte die Nummer 110. „Hier Rotkäppchen im Walde, habe soeben Dr. Wolf überwältigt, kommen Sie sofort!" Die Polizei kam, legte Dr. Wolf, der immer noch bewusstlos war, Handschellen an, beglückwünschte Rotkäppchen zu ihrem Fang, denn Dr. Wolf war ein gefährlicher, hochstapelnder Wolf, der keinen Dr. hatte und deshalb wegen Führens eines falschen Titels angeklagt und verurteilt wurde. Die Großmutter blieb verschwunden. Rotkäppchen erbte das Häuschen im Walde und die Polizei empfahl ihr Kriminalistik zu studierten und bei der Polizei Karriere zu machen. Das ist doch ein schöner Ausgang der Geschichte.

Hänsel und Gretel sammelten Erfahrungen im Wald. Eine schrille Frauenstimme schrie: „Was macht ihr da?" „Wir sammeln Erfahrungen!", rief Hänsel zurück. „Dann ist es gut!", antwortete die Stimme, „Ich dachte schon ihr hättet Pilze gesammelt, das ist hier verboten!" Hänsel und Gretel sammelten weiter Erfahrungen, und das machte mehr Spaß als Pilze sammeln.

Jan und Jana lagen nackt am Strand. Die Sonne schien auf ihre Körper und sie zeigten alles, was sie hatten und waren glücklich und zufrieden, als ein Prophet erschien in schwarzem Anzug und Krawatte und gegen das sündige Treiben wetterte und das sie alle der ewigen Verdammnis anheimfallen würden, und das er keine Rettung sähe, außer der sofortigen Umkehr und intensivster Buße. Sie hörten sich das eine Weile an, packten ihn dann, zogen ihn nackend aus, und er schämte sich sehr, sah er doch genau so aus wie alle anderen. Oh, diese Propheten!

Ausstellung im Museum für moderne Kunst: Die sensationelle Großplastik „Die Urinierende" von Max Großmann, dem Großbildhauer. Hyperrealistisch, 6 m hoch, hockend, 8 t schwer, 250 kg Silikonkautschuk, 50 kg Spezialfarbe, 2 t Fiberglas, 2 t Stahlkonstruktion und ein Tank für 1000 l Wasser, in Teilen geliefert und vor Ort zusammengesetzt. Auf dem Boden ein Gully, Ablauf für den Strahl. Ein Warnschild für Betrachter: Vorsicht, Spritzer des Strahles können Flecken verursachen (das Wasser ist uringelb gefärbt). Die Größe der Figur drückt die Bedeutung des Vorgangs aus, der künstlerisch bislang keine Würdigung erfuhr. Zugleich finden sich in dieser Körperregion drei wichtige Funktionen, ohne die wir nicht existieren könnten. Denen soll gehuldigt werden. Die Kritik war uneins. Schweinerei, sagten die einen, eine Beleidigung des Ebenbild Gottes – genial die anderen, würde doch hier ein bisher verdrängte Realität gezeigt und das hyperrealistisch.

Es waren einmal ein Punk und eine Punkerin. Die liebten sich so, wie nur Punks sich lieben können. Sie arbeiteten in der Fußgängerzone. „Haste mal nen Euro?", war ihre Standardfrage und manchmal bekamen sie einen. Abends zählten sie ihre Euros in dem Abbruchhaus, das sie besetzt hatten. Wer die meisten hatte, hatte gewonnen und durfte das Liebesspiel des Abends vorschlagen. Sie waren jung und glücklich und an die Zukunft dachten nicht.

Es war einmal ein Punkgirl. Das war an vielen Stellen gepierct: Ball-Closure-Ring durch die rechte Augenbraue, drei durchs linke Ohr, rechtes Ohr Flesh-Tunnel, Circular-Barbell durch den linken Nasenflügel, Straigh-Barbell in der Zunge, Ball-Closur-Ring rechts durch die Unterlippe, Nipple-Shield durch die linke Brustwarze, Circular-Barbell durch die rechte, Ball-Closure-Ring im Nabel, Ball-Closure-Ring durch die rechte große Schamlippe und durch die linke, in den kleinen Schamlippen jeweils ein kleiner Ball-Closure-Ring nach unten versetzt. Aber sie war noch nicht zufrieden, fehlte doch noch immer das Piercing an der wichtigsten Stelle. Dafür arbeitete sie. „Haste mal 'nen Euro?" Manchmal bekam sie einen, wahrscheinlich weil sie so nett aussah. Sie sparte die Euros in einer verrosteten und verbeulten Blechdose und wenn genug drin war, wollte sie sich das ultimative Piercing setzen lassen. Da soll keiner sagen, Punks dächten nicht an ihre Zukunft.

Es klingelte. Marie-Antoinette ging zur Tür und öffnete. „Bonjour Madame!", begrüßte sie der Herr, indem er seinen Dreispitz zog und sich verneigte. „Marquis de Sade, Inventeur des Sadisme!" „Sehr erfreut, Herr Marquis, kommen Sie doch herein!" Sie führte ihn in den Folterkeller, zeigte ihm den Kerker und sagte: „Sie können gern mal hineingehen!" Er tat es, Marie-Antoinette warf die Tür zu und drehte den Schlüssel um. Seitdem hat Marie-Antoinette den Marquis im Keller und alle in ihrem Sado-Maso-Club „Marquis de Sade" beneiden sie.

Es war um Mitternacht. Es klingelte. Kriminaloberkommissar Nachtmann ging zur Tür und öffnete. Niemand stand davor. Am nächsten Tag wieder. Niemand stand davor. Und so weiter und so weiter. Sie stellten die Klingel ab. Es klingelte weiter. Sie untersuchten das Haus, fanden nichts. Es klingelte weiter. Sie machten ein Täterprofil, eine Liste von möglichen Verdächtigen, sie fanden nichts. Es klingelte
weiter immer um 5 vor 12, jeden Abend bis zu seiner vorzeitigen Pensionierung. Einer der wenigen Fälle, die Kriminaloberkommissar Nachtmann nicht lösen konnte.

Polizeirat Rath war ratlos. Mac the Knife hatte schon wieder zugeschlagen und keine Ansatzpunkte. Mehrere Profiler versuchten sich an diesem Fall zu profilieren: Zu früh abgesetzt von der Mutterbrust, schwere Jugend, zu wenig Anerkennung, Geburtstrauma, Rache am schönen Geschlecht, ein Vaginalneidkomplex, ein unterentwickeltes Glied, Erektions- und Ejakulationsschwierigkeiten, Gewaltkompensation, den Frauen durch Gewalt Stärke zu beweisen. Bisher ohne greifbares Ergebnis. Die Fähnchen auf der Karte nahmen zu. Die Bürger wurden unruhig, denn fast jede Woche passierte ein Fall und seitdem regnete es in ihrem Stadtteil nicht mehr. Die Polizei tappte weiterhin im Dunkeln. Polizeirat Rath wusste nur noch eine Lösung: Kommissarin Babette Liebeskind, intern Babe genannt. Sie entsprach dem Opfertypus, war in Kampftechniken ausgebildet, stressfest, schnell und sah aus wie 16. Sie war der Köder. Sie verkleidete sich als Kinderprostituierte: Grell geschminkt, rotes Mündchen, wasserstoffblondes Haar, Seitenschwänze, enges, durchsichtiges Top mit Spagettiträgern, bauchfrei, heißes Höschen, ein roter und ein blauer Strumpf und rosa Ballerinas, dazu eine Tasche in Mickey-Maus-Design, in der sie ihre Walther PKK, Handschellen, I-Pad, Tampons in der kleinsten Größe, Kaugummi, Lippenstift, Präservative und ihren Dienstausweis hatte. Babe nahm ihre Position ein und flanierte auf dem Straßenstrich, der Straße, wo sich bisher die meisten Fälle zugetragen hatten. Das gab Ärger mit den anderen Liebedienerinnen, doch das Kommissariat sorgte dafür, dass sie auf dem Strich geduldet wurde. Babe begann ihren Dienst am frühen Abend, denn die meisten Fälle hatten sich um diese Zeit ereignet. Sie nahm ihre Position ein, stand an der Mauer, einen Fuß dagegengestützt und wartete, Der Erste, der sie ansprach war ein Punk: „Haste mal nen Euro?" Sie gab ihm einen. Die Nächste, eine ältere Frau. die um eine milde Gabe bat. Sie gab ihr zwei. Dann kam längere Zeit niemand.

Ein seriöser Herr im besten Alter sprach sie an: „Wieviel?" „Verpiss Dich!", sagte sie, denn er gefiel ihr wirklich nicht und für den Täter hielt sie ihn auch nicht. Er ging und ein junger Mann sprach sie an: „Wie hoch ist Ihr Honorar?" „100 normal mit Präser, alles andere Aufpreis!", antwortete sie. Er gefiel ihr gut. „Ich bevorzuge normal!", sagte er und sie gingen in das Stundenhotel. Sie kamen zur Sache. „Du gefällst mir !", sagte er und sie antwortete „Du mir auch!" In diesem Moment ertönte ein markerschütternder Schrei. Babe stieß den Kunden weg, sprang aus dem Bett, griff ihre Mickey-Maus-Tasche und lief nackt, wie sie war, auf den Hotelgang. Die Tür des Nebenzimmers flog auf und der seriöse Herr raste an ihr vorbei ein blutiges Messer in der Hand. Die Treppe runter, stieß die Hoteltür auf und sprang auf die Straße. Babe hinterher, holte im Laufen ihre Pistole aus der Mickey-Maus-Tasche, verlor dabei die Tampons und den Kaugummi und sprintete nackt hinter dem Flüchtenden her. Sie schoß, holte ihn ein und schlug ihm den Pistolenknauf ins Genick. Er fiel, lag auf dem Boden, wollte aber immer noch nicht den Widerstand aufgeben. Sie entwand ihm das Messer und knallte seinen Kopf auf das Pflaster, dass er bewusstlos wurde. Passanten und Damen des horizontalen Gewebes hatten einen Kreis um sie gebildet in dessen Mitte sie nackt auf dem Killer saß. Das war die erste Nacktverhaftung im Zuständigkeitsbereich des Kommissariats, wert in das Guinness-Buch der Rekorde zu kommen. Gerügt wurde sie wegen ihres schamlosen Verhaltens, belobigt wegen ihres Mutes und dass sie den Killer zur Strecke gebracht hatte. Sie wurde zur Hauptkommissarin des Sittendezernats befördert. An den netten Kunden musste sie noch immer denken, aber es war unmöglich seine Adresse herauszufinden. Seitdem haben sich die Verhältnisse im Stadtteil wieder normalisiert. Es regnet wieder und die Feuchtgebiete regenerieren sich.

Kriminaloberkommissar Hartmann war entsetzt. Schon wieder ein Kastrationsfall. Das Opfer, ein bekannter Sexualtäter, wurde kastriert vor der Polizeiwache 69 gefunden. Kommissar Hartmann und seine Assistentin Emma Weiß wurden mit den Ermittlungen betraut. Die Tat war nicht vor der Wache begangen worden und das Graffiti gegenüber mit dem Wort RACHE und dem Frauensymbol und dem Signum FR stand bestimmt im Zusammenhang mit der Tat. In der Wohnung des Opfers wurde ein Skalpell gefunden unter der Sockelleiste der Küchenanrichte. Ohne Fingerabdrücke mit Genen vom Opfer und noch einer Person. Auf dem Notizzettel neben dem Telefon, der leer war, fanden sich Spuren einer durchgedrückten Telefonnummer. Das Labor machte sie sichtbar und seltsam, es war die Nummer von Emmas Freundin Alice. Emma Weiß ging emsig bewusst falschen Spuren nach und wusste nichts von Hartmanns Erkenntnissen. Sie wurde beschattet, und als das Team wieder eine Kastration ausführen wollte, griff Hartmann zu. Das war das Ende der Kastrationsserie, das Ende von Emma Weiß als Kriminalpolizistin, der Kastrationsgang, das Ende von FR, den Feministischen Rächerinnen und alle Männer konnten wieder ohne Angst vor Hodenverlust ihren Tätigkeiten nachgehen.

Es war dunkel geworden. Die Vögel hatten aufgehört zu singen und der Vollmond war durch die Wolken gebrochen. Lucy saß vorm Kamin und las in Bram Stokers Dracula. Es klingelte. Lucy ging zur Tür und öffnete. Ein Herr in einem schwarzen Cape stand davor, ziemlich blass und mit etwas längeren Eckzähnen. „Lovely to see you, I'm Count Dracula coming to enjoy you", und gab ihr einen Handkuss. „Very happy I awaited you!", sagte Lucy, bat ihn herein. Sie saßen vorm Kamin, das Feuer brannte, sie saßen sich gegenüber, smalltalkten über die seltsamen Ernährungsgewohnheiten der Vampire, die neuesten Erkenntnisse der Ernährungswissenschaft, und dass er, der Graf, mal wieder eine kleine Stärkung brauche. Damit stürzte sich der Graf auf Lucy, die wich aus, der Graf sprang ins Leere und sie zertrümmerte die schwere chinesische Vase, die neben dem Sofa stand, auf seinem Kopf. Der Graf war bewusstlos. Lucy drehte ihn auf der Rücken, lockerte seine Fliege und den Kragen und biss lustvoll in die Halsschlagader und trank wie eine Süchtige das kühle Blut. Nachdem sie gesättigt war, saß sie zufrieden auf dem Sofa und beobachtete den Grafen wie er wieder zu sich kam. Er beklagte sich über die Respektlosigkeit der Jugend, dass man nicht mal den schönen Frauen mehr trauen könne, und ging, nachdem er wieder zu Kräften gekommen war, beleidigt von dannen. Lucy aber setzte ihre Lektüre auf dem Sofa fort.

Es klingelte hinter den 7 Bergen bei den 7 Zwergen. Wieder und wieder, 7 mal, aber die Zwerge hörten nichts und schliefen schnarchend weiter. Da wurde es Schneewittchen zu viel. Sie trat gegen die Tür, wieder und wieder, 7 mal. In einer Schnarchpause vermeinte der Oberzwerg ein Bollern an der Tür gehört zu haben, stand gähnend auf, wankte zur Tür und öffnete sie. Schneewittchen stand davor. „Hey Boys!", begrüßte sie die Gruppe, denn die restlichen 6 waren mittlerweile auch erschienen. „Es war so langweilig im Schloss, machen wir einen drauf!" Der Oberzwerg holte 7 Flaschen Champagner und 7 kg Kaviar aus dem Bergwerk und sie tranken und lachten und feierten und die Stimmung wurde immer ausgelassener, und alle zogen sich aus und 7 Zwerge beglückten Schneewittchen und Schneewittchen 7 Zwerge und wenn sie nicht gestorben sind, dann beglücken sich noch heute.

Max Großmann's Werk „Positionen" füllte einen ganzen Saal: Frauenskulpturen in allen möglichen Stellungen des Geschlechtsverkehrs. Hyperrealistisch im Maßstab 1 : 1. Das war zu viel! Die Feministinnen liefen Sturm. Sprachen von einem nicht zu überbietenden Maß an Frauenfeindlichkeit, einer Spitze des Chauvinismus, des Voyeurismus, des Mackertums und demonstrierten vor dem Museum für eine politisch korrekte Kunst, Quotengerechtigkeit, Verbot des Zeigens von Lustobjekten, der Abschaffung des Geschlechtsverkehrs. Das hatte Großmann gewollt, so gemein können Künstler sein.

Es klingelte. Der Paketmann stand vor der Tür mit einem 2 m hohen Paket. „Bitte quittieren Sie!", sagte er und ging. Ich trug das Paket, es war sehr schwer, ins Haus. Packte es aus und eine lebensgroße, lebensechte, wunderschöne Frau stand vor mir. Ein Brief, der mich zu meinem Kauf beglückwünschte, eine Rechnung, eine Garantie und eine 600 Seiten lange Bedienungsanleitung und eine Fernbedienung. Ich hatte keine Lust mich mit der Bedienungsanleitung auseinanderzusetzen und drückte den grünen Knopf der Fernbedienung. Die Puppe erwachte zum Leben, nahm mir die Fernbedienung weg, trat mich in die Hoden, riss das Telefon aus der Wand, warf den Fernseher aus dem Fenster und raste aus dem Haus. So eine temperamentvolle Frau hatte ich wirklich nicht erwartet -- und vielleicht sollte man doch vorher die Bedienungsanleitung lesen.

Lolita, Kriminalassistentin, blonde Seitenschwänze, kurzes Top, nacktes Bäuchlein mit Nabelpiercing, kurzes Röckchen, rosa Slip, ein roter und ein blauer Strumpf, rosa Ballerinas ermittelte im pädophilen Millieu. Sie war auf den bekannten pädophilen Schriftsteller Humbert Humbert angesetzt. Sie spielte Schulmädchen. Zu Schulanfang und Schulende flanierte sie mit wiegenden Po und Schultasche vor seinem Haus vorbei, in der Annahme, dass er hinter der Gardine, die Schulmädchen beobachtete. Das ging so eine Zeit lang und nichts passierte. An einem Mittwoch schlenderte sie, etwas abwesend an ihre Freundin Vivi denkend, vor dem Haus des Verdächtigen lang, als sie plötzlich stolperte und stürzte. Sie hatte sich das Knie aufgeschlagen und es blutete sehr. Eine Nylonsehne war in ca.15 cm Höhe über den Gehsteig gespannt. Sie saß auf dem Gehsteig und hielt sich das Knie. Passanten und Schulkinder standen um sie herum. Der Schriftsteller kam aus dem Haus, besah sich den Schaden, nahm sie auf den Arm und trug sie ins Haus, legte sie aufs Sofa, zog ihr den blauen Strumpf aus, reinigte die Wunde, und klebte ein großes Pflaster darauf. Fragte ob sie was trinken möchte, wohin er sie bringen solle. Er brachte sie nach Hause, gab ihr einen freundschaftlichen Kuss auf die Wange und verabschiedete mit Worten: „Wenn Sie Lust haben, können Sie gerne vorbeikommen!" Sie war allein. Ständig musste sie an den Schriftsteller denken. Sie hatte sich verliebt, und beschloss zu empfehlen, die Ermittlungen gegen Humbert Humbert einzustellen.

Emma, emannzipierte Radikalfeministin, hatte sich klonen lassen und trug, in guter Hoffnung, sich selber aus und gebar nach 9 Monaten einen gesunden Jungen.

Die Wortmülldeponie quoll über. Die Entsorgung wurde zunehmend mehr zum Problem. Bürgerinitiativen forderten: „Der Wortmüll muss weg!" Man (wer auch immer das ist?) beschloss eine Wortmüll-Verbrennungs-Anlage zu bauen. Ein Standort wurde gesucht, und sofort bildeten sich Bürgerinitiativen: „Wortmüll-Verbrennungs-Anlage – Nein Danke!" Es wurde kein Standort gefunden und man verzichtete auf den Bau und der Wortmüll wuchs weiter und weiter, die Wortmüllmeere stiegen und es war abzusehen wann die ganze Welt darin ertrinken würde.

Deutschland 2030. Die Muslime haben die Mehrheit erlangt und die Mehrheit bei den Muslimen die Islamisten. Die Scharia wird eingeführt:

Gesetz zur Verschleierung der Frauen.
Verbot das Haus ohne einen männlichen Verwandten zu verlassen.
Arbeits- und Autofahrverbot für Frauen.
Geschäftsverbot für Frauen.
Ein Konversionsgesetze für Ungläubige wird erlassen...

...während die deutschen Politiker immer noch an der Willkommenskultur arbeiteten...

Kriminalassistentin Babette Liebling, intern Baby genannt, betrat außer Dienst die Ritze, eine Stripbar, bekannter Treffpunkt für Klein- und Großkriminelle und Liebesdienerinnen. Sie ging zur Theke mit wippenden Po und Springerstiefeln. Bestellte einen doppelten Bourbon. Neben ihr ein großer, bodygebildeter Kleinkrimineller. „Hey Baby!", sagte er und haute mit seiner großen Pranke auf ihren kleinen, knackigen Po. Das hätte er besser nicht gemacht. Baby drehte sich um, der rechte Springerstiefel landete in seinem Schritt, der große Kleinkriminelle schrie auf, hielt mit beiden Händen sein Skrotum. Baby versetzte ihm einen Karateschlag ins Genick, während er sich sich krümmte und knallte ihm dann das Knie unters Kinn. Der große Kleinkriminelle und bekannte Frauenanmacher ging zu Boden. Baby drehte sich zurück zu ihrem Bourbon und prostete den Umstehenden zu, die verdutzt dastanden. Das hätten sie von so einem zarten, jungen Mädchen nie gedacht. Aber so kann Mann sich irren.

Das I-Brain konnte alles. Gab die Informationen direkt ans Hirn weiter. Beurteilte, kommentierte, und gab Handlungsempfehlungen. Es stand in Verbindung mit dem zentralen, globalen Weltcomputer, in dem alle Daten zusammenliefen. Das I-Brain überwachte den psychischen und physischen Gesundheitszustand: Blutdruck, Temperatur, Blutwerte, Hormone und Botenstoffe. Es sorgte für die Sicherheit seines Benutzers und sein Wohlbefinden – kurz für den kompletten Bewußtseinszustand. Und meldete Unstimmigkeiten der Zentrale, die für schnellste Abhilfe sorgte. So stand dem absoluten Glück nichts mehr im Wege. Nur telefonieren konnte man mit dem I-Brain nicht mehr.

Es klingelte. Ich ging zur Tür und öffnete. Das Sandmännchen war da. „Guten Abend!", sagte es, „Es ist jetzt Zeit ins Bett zu gehen, die Augen zuzumachen und zu schlafen!" Ich tat wie mir geheißen. Das Sandmännchen streute mir noch etwas Sand in die Augen und ich schlief ein und träumte: Das Sandmännchen war da. „Guten Abend!", sagte es, „Es ist jetzt Zeit ins Bett zu gehen, die Augen zuzumachen und zu schlafen!" Ich tat wie mir geheißen. Das Sandmännchen streute mir noch etwas Sand in die Augen und ich schlief ein und träumte: Das Sandmännchen war da . . .

Dank!

Ganz, ganz herzlichen Dank
an Christin und Claus,
an Tina Fellhase und Thaicoon, Mithai
ohne sie wäre dieses Büchlein
nie entstanden.

F.O.